历史的丰碑丛书

人类音乐史上最伟大的天才
莫扎特

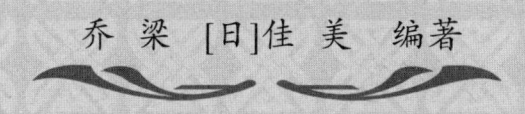

乔梁 [日]佳美 编著

文学艺术家卷

吉林人民出版社

图书在版编目(CIP)数据

人类音乐史上最伟大的天才——莫扎特 / 乔梁，（日）佳美编著 .-- 长春：吉林人民出版社，2011.4（2021.8 重印）

（历史的丰碑丛书）

ISBN 978-7-206-07647-3

Ⅰ.①人… Ⅱ.①乔… ②佳… Ⅲ.①莫扎特，W.A.（1756～1791）—生平事迹—青年读物②莫扎特，W.A.（1756～1791）—生平事迹—少年读物 Ⅳ.①K835.215.76-49

中国版本图书馆 CIP 数据核字（2011）第 037472 号

人类音乐史上最伟大的天才 莫扎特
RENLEI YINYUESHI SHANG ZUI WEIDA DE TIANCAI MOZHATE

| 编　　著：乔 梁 ［日］佳 美 |
| 责任编辑：孟广霞　　　　封面设计：孙浩瀚 |
| 制　　作：吉林人民出版社图文设计印务中心 |

吉林人民出版社出版 发行（长春市人民大街7548号 邮政编码:130022）

印　　刷：北京一鑫印务有限责任公司

开　　本：787mm×1092mm　1/16

印　张：8　　　　　字　数：72千字

标准书号：ISBN 978-7-206-07647-3

版　　次：2011年4月第1版　印　次：2021年8月第2次印刷

定　　价：35.00元

如发现印装质量问题，影响阅读，请与出版社联系调换。

编者的话

"欲知大道,必先为史"。

回溯人类的足迹,人们首先看到的总是那些在其各自背景和时点上标志着社会高度和进步里程的伟大人物。他们是历史的丰碑,是后世之鉴。

黑格尔说:"无疑,一个时代的杰出个人是特性,一般说来,就反映了这个时代的总的精神。"普希金说:"跟随伟大人物的思想是一门引人入胜的科学。"

以史为鉴,面向未来。作为21世纪的继往开来者,我们觉得,在知史基础上具有宽广的知识结构、开阔的胸襟和敏锐的洞察力应是首要的素质要求,而在历史的大背景

◆ 历史的丰碑丛书

中追寻丰碑人物的思想、风范和足迹，应是知史的捷径。

考虑到现代人时间的宝贵，我们期盼以尽量精短的篇幅容纳尽量丰富的信息，展现尽量宏大的历史画卷和历史规律。为此，我们编撰了这套丛书。

编撰丛书的过程，也是纵览历代风云、伴随伟人心路、吸收历史营养的过程。沉心于书页，我们随处感受着各历史时期伟大人物所体现的推动历史进步的人类征服力量。我们随着伟人命运及事业的坎坷与辉煌而悲喜，为他们思想的深邃精湛、行为的大气脱俗而会意感慨、拍案叫绝。

然而，在思想开始远游和精神获得享受的同时，我们也随之感受到历史脚步的沉重

编者的话

和历史过程的曲折。社会每前进一步都是艰难的，都伴随着巨大的痛苦和付出。历史的伟大在于它最终走向进步，最终在血污中诞生了鲜活的"婴孩"。

历史有继承性和局限性，不能凭空创造。伟人也有血肉，他们的思想、行为因此注定了同样具有历史的局限性和阶级的、时代的烙印；他们的功业建立于千千万万广大人民群众伟大创造的基础上。历史是人民群众创造的，伟大的人物们是历史和时代造就的。同时，我们也无法否定此间他们个人的努力。这也正是我们编撰这套丛书的目的。

我们期盼着这套丛书得到社会的认同，对读者，特别是青少年读者之历史感、成就感和使命感的培养有所裨益。史海浩瀚，群

◆ 历史的丰碑丛书

星璀璨。我们以对广大青少年读者负责的精神，精心遴选，以助力青少年成长进步，集结出版了《历史的丰碑》系列丛书，敬请读者批评、指正。

历史的丰碑丛书

编委会

策　划：胡维革　吴铁光
　　　　林　巍　冯子龙
主　编：胡维革　邢万生
副主编：贾淑文　谷艳秋
编　委：（按姓氏笔画为序）
　　　　于二辉　刘士琳
　　　　刘文辉　孙建军
　　　　李艳萍　吴兰萍
　　　　杨九屹　隋　军

生命短暂的奥地利作曲家沃尔夫冈·阿玛德乌斯·莫扎特，无论在他生活的那个年代，还是在他死后的漫长岁月里，一直被人们誉为人类音乐史上最伟大的天才。他成熟之早，才能之全面，作品种类之繁多，数量之大，以及音乐旋律之优美，结构之完整精巧，感情之真挚，无一不堪称典范。

莫扎特是维也纳古典乐派最杰出的代表之一，是古往今来世所公认的音乐神童。

莫扎特非凡的、无与伦比的音乐天赋，曾变为许多传说流传下来，让人真假难分。然而，我们这里所讲的，却是个真实的故事。

目 录

祖籍 ◎ 001

神童 ◎ 007

维也纳之行 ◎ 013

巴黎之行 ◎ 020

初遭妒火 ◎ 035

意大利之行 ◎ 047

曼海姆之行 ◎ 059

初恋 ◎ 072

决裂 ◎ 083

婚姻 ◎ 087

《费加罗的婚礼》与《唐·璜》 ◎ 097

最后岁月 ◎ 106

历史的丰碑丛书

人类音乐史上最伟大的天才 **莫扎特**

祖 籍

> 莫扎特的名字,是音乐中永恒的阳光。
> ——鲁宾什坦

1756年1月27日,沃尔夫冈·阿玛德乌斯·莫扎特出生于奥地利北部的边境城市萨尔茨堡。当时,这里是一个小公国(西斯蒙德)的首府。在政教合一的

→莫扎特

政权体制下，统治这个小公国的当然是萨尔茨堡的大主教。

萨尔茨堡风景如画。阿尔卑斯山的支脉蜿蜒伸展到这里，多瑙河的支流萨尔察赫河从这里流过。四周田园起伏，森林连绵不断，这一切都给童年时期的小莫扎特带来了丰富的想象力。对大自然最初的美好印象，奠定了他一生音乐创作的性质与内涵。

莫扎特的父亲利奥波德·莫扎特生于奥格斯堡（德国南部一著名古城）。他从童年时起就在教会唱诗班里作童声歌手，得到最初的音乐教育与熏陶。少年时曾在当地一座修道院的神父指导下，读过许多书，增长了知识，开阔了眼界，使他产生了强烈的成材欲。18岁那年离开奥格斯堡，来到奥地利萨尔茨堡学法律。由于他能出色地演奏小提琴、古钢琴等乐器，被当地的大贵族约翰·冯·图伦伯爵雇为家庭音乐仆人（18世纪欧洲普遍流行的一种风俗。有钱人家在雇用仆人时，要挑选一些能作曲、会演奏乐器的。做完杂务之后，组成乐队为主人演奏）。

1743年，24岁的利奥波德由于各方面才华出众，尤其是作曲和演奏才能为众人瞩目，被萨尔茨堡统治者西斯蒙德大主教冯·施拉腾巴赫伯爵聘为宫廷乐队的第四小提琴手。

人类音乐史上最伟大的天才　**莫扎特**

　　1747年，利奥波德与一位名叫安娜·玛丽亚·贝特尔（人们习称她阿妮玛丽）的女歌手结婚。他们一共生有7个孩子，5个中途夭折。只有女儿玛丽亚·安娜（即南内尔）和儿子沃尔夫冈·莫扎特活了下来。

　　1758年，39岁的利奥波德被提升为第二小提琴手，同时被任命为宫廷作曲家。这时，他已作有交响曲、清唱剧及室内乐、弥撒曲等多种作品。44岁时被升为副指挥，这是他一生音乐生涯中最高的职位。

　　利奥波德除履行他的作曲、指挥职责外，他还在乐队中教授钢琴和小提琴，他的学生很多。可以说，利奥波德是以音乐教育家、作曲家、小提琴家闻名遐迩的。他为女儿南内尔编著的小提琴教程，不仅把自己的两个孩子培养成了著名的演奏家，而且传遍全欧洲，享有很高声誉，至今还在不断地一版再版。

　　然而，作为一个父亲，要想得到人们的公正评价，

萨尔茨堡

文学艺术家卷　003

AUS DEM LEBEN MOZARTS.
Die ersten Versuche auf dem Clavier,
im Alter von 3 Jahren. 1759.

3岁的莫扎特在钢琴上弹奏具有民族风味的乐曲,令父亲和姐姐都感到惊讶。

是很困难的。尤其作为天才的父亲,那就更困难了。莫扎特的祖父作为印刷匠,他无法在儿子的事业上给予任何帮助。从某种意义上说,这一点沃尔夫冈·莫扎特要幸运得多。然而,利奥波德对于音乐的狂热与执着,体现在对儿女的教育上,则令后人莫衷一是。

从莫扎特去世至今二百多年来,人们对利奥波德的评价,始终褒贬不一。许多人认为"他是一个非常固执和虚荣心很强的人"。"他把自己的儿子作为商品,像个贪得无厌的商人似的带领儿子到处旅行演出,从幼小的儿子身上榨取金钱。""他是个一生都只顾自己的人"。甚至有人认为,莫扎特的早逝,也是由于他从

人类音乐史上最伟大的天才　**莫扎特**

这架产自19世纪初的"克莱门第"古钢琴是英国音乐家和作曲家克莱门第制作,为世界上唯一的音乐家制作的钢琴,被称为"古钢琴之父"。

童年起就过度劳累、身体虚弱造成的。

诚然,利奥波德对儿子的期望确实很高,要求很严。他的这种有些近似残酷的要求与训练,既锻炼了小莫扎特的性格,同时也给小莫扎特的人生过早地带来了很多磨难。要说利奥波德有虚荣心,就虚荣在他决心要把两个孩子培养成世人共知的著名音乐家。要说他固执就固执在不达目的,誓不罢休!他成功了。他的"固执"与"虚荣"确实造就了人类音乐史上两颗璀璨的新星。女儿南内尔成了著名的古钢琴演奏家,儿子沃尔夫冈·莫扎特的名字更是闪烁出永恒的光辉。

相关链接
XIANGGUAN LIANJIE

古钢琴

古钢琴英文：clavichord，古钢琴是钢琴的前身，它是16世纪佛罗伦萨的乐器师发明的。和钢琴一样都是通过绷紧的金属丝弦的震动发音。但不同的是，钢琴是用锤子敲击一股（一般是三跟金属丝弦）金属丝弦发音，而古钢琴却是通过羽毛管制作的拨子拨动一跟金属丝弦发音，所以有称作"羽管键琴""拨弦古钢琴"。所以古钢琴的音色纤细而钢琴的音色浑厚。

古钢琴

人类音乐史上最伟大的天才　**莫扎特**

神　童

> 如果我的《浮士德》是莫扎特作曲，那该多好。
>
> ——歌德

一天，父亲在给女儿南内尔上钢琴课时，躺在摇篮里吵吵闹闹的小莫扎特突然静了下来。——他在用心倾听，好像他比姐姐领会得还要快。"这孩子很可能是个不同寻常的天才。"父亲不停地在心里这样估量

→德国乡村店铺

着。

　　萨尔茨堡地处奥地利边境,在这里不仅能听到奥地利民歌,同时还能听到许多周边国家的民歌。尤其是德国各地的民间剧团和乡村艺人,经常到这里来演出。每当有这样的机会,父亲就带他去观看。这大大开阔了他的视野,同时也开垦了他心灵深处那片对音乐特殊敏感的沃土。

　　1759年,小莫扎特三四岁时,就表现出非凡的记忆力和令人吃惊的听觉。一首小曲,只要他听过一遍,

←莫扎特家中的物件

人类音乐史上最伟大的天才　莫扎特

萨尔茨堡州莫扎特广场上的莫扎特塑像

就能准确无误地复奏下来。也就从这时起,他在父亲指导下,开始接触古钢琴、小提琴和管风琴。他各种乐器都学得很快、很出色,这使父亲大为震惊。一天,父亲同在宫廷乐队中担任小号手的沙赫特涅尔先生回到家中。一进门,他就发现小莫扎特手里拿着笔,正伏在桌案上不停地往五线谱纸上点着什么。还不时地蘸着墨水。蘸墨水时,几乎连手指都伸进了墨水瓶里。

父亲以为他在淘气,大声呵斥道:"沃尔夫冈,你在干什么?""我在写钢琴协奏曲。"他响亮地回答。"哈……钢琴协奏曲?!"沙赫特涅尔听到孩子的答话,忍俊不禁。

可是,利奥波德却十分认真地走到桌前,拿起孩子谱写的乐谱仔细看着。他激动得眼泪都快流出来了，惊呼道："沙赫特涅尔先生！快来看哪！这里写的一切，是多么正确，多么有意义呀！"

沙赫特涅尔急忙接过乐谱，看了一阵，也连声赞叹："是啊！是啊！"

也许是早熟的原因，莫扎特从幼年时起，就过着与其他孩子完全不同的生活。也就是说，他从小就没有像其他孩子那样认真地玩耍过。父亲的严厉管教，

← 慕尼黑市政厅华丽的钟楼

人类音乐史上最伟大的天才　**莫扎特**

→慕尼黑风光

以及自己对音乐的痴情，使他成了一个"小大人"。在他心中，除了音乐之外，似乎什么都不存在。只要他一接触音乐，就会迸发出惊人的想象力、记忆力和创造力。众多评论家都认为，他的许多作品，包括一些大的奏鸣曲、交响曲和歌剧，几乎都是在他头脑中产生了完整的旋律和配器后，一气呵成写出来的。这在世界音乐史上，真可谓"独一无二"。

1762年，莫扎特刚刚6岁，在父亲带领下，第一次与姐姐南内尔一起，离开萨尔茨堡，来到德国的慕尼黑。为这里的选帝侯（即指当时有权参加选举罗马帝国皇帝的诸侯）举行演奏会。

这是莫扎特第一次出远门，也是他第一次走进这么宽敞明亮的演奏大厅，见到这么大的场面。可他却

毫无惧色，心中充满了自信，从小就表现出傲视一切权贵的良好心理素质。

　　莫扎特的演出获得很大成功，他打动了所有在座人的心。人们似乎不相信自己的眼睛，不相信自己是在听一个6岁孩子的演奏，掌声和喝彩声不绝于大厅。

　　父子3人在慕尼黑逗留了3个星期。他们每天都受到贵族的邀请，每次演奏都受到热烈欢迎。这些演奏会，给小莫扎特带来了荣耀和自豪，也给他们在经济上带来了可观的收入。仅仅是小莫扎特获赠的各种礼物，就整整装了一马车。

　　一个6岁的孩子，在上层贵族面前表现得那么得体，演奏得那么精彩完美，他的作品又是那么令人叹服无以挑剔，无疑，他是神童，他是一个天才。父亲为此兴奋不已。他要让自己的儿子成为伟大的音乐家。父亲期待着儿子能征服全欧洲乃至全世界，这不正是他自己曾经有过的理想与抱负吗？

　　回到萨尔茨堡，利奥波德按捺不住自己的兴奋心情，立即向大主教提出了再次请长假的要求，准备带全家做一次长时间的旅行演出。可是，他的请求遭到了冯·施拉腾巴赫伯爵的拒绝。

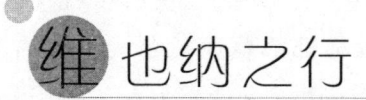

人类音乐史上最伟大的天才 **莫扎特**

维也纳之行

> 有了天赋不用,就会慢慢枯竭,就会在慢性腐朽中消亡。
>
> ——克雷洛夫

经过几个月的艰苦努力和再三请求,利奥波德终于实现了带领全家进行新的旅行演出的愿望。当然,他们要征服的第一站,就是奥地利首都维也纳。

1762年9月,他们全家信心十足地乘着马车向维

← 莫扎特全家

也纳进军了。他们好像听到了那里的掌声，看到了那里的人们在举着双手欢迎他们。

18世纪的维也纳，是欧洲最负盛名的音乐之都。城周峰峦叠嶂，森林郁郁葱葱。令人神往的多瑙河从市中心流过。作为多民族帝国哈布斯专制王朝的首都，这里聚居着奥地利本土，以及匈牙利、捷克、斯洛文尼亚、波斯尼亚、蒂洛尔、波兰、乌克兰等许多民族的成分。在维也纳的街头、公园、饭店、酒吧，到处都可以听到各民族歌手的演唱，看到各民族艺人的表演。维也纳从早到晚，通宵达旦，都被音乐艺术的氛围笼罩着。不管是谁，只要一踏进维也纳，就跟走进了音乐天国里一样。在这里，不仅宫廷乃至许多显贵的府邸里，都有自己的管弦乐队和合唱队。这些管弦乐队和合唱队聘请的又都是欧洲最有名的演奏家和歌唱家。并有许多著名的作曲大师和指挥家在这里任职。德国古典乐派的主要代表人物格鲁克，自1750年起就在宫廷里任乐长和歌剧指挥。意大利杰出的作曲家比斯曼，以及继他之后的萨吕耶里，都在维也纳宫廷里任过乐长。

土壤对一颗种子来说，实在是太重要了。没有沃土，长不出茁壮的树苗。维也纳是一片沃土，是一片音乐艺术的沃土，一片哺育天才的沃土。莫扎特到这

人类音乐史上最伟大的天才　**莫扎特**

莫扎特演奏完毕

里来,无疑将使他的音乐天赋得到熔炼和升华,使他幼小的心灵受到陶冶,使他的人生道路变得辉煌起来。

经过父亲的周密安排和精心策划,小莫扎特在维也纳的演出,果然引起强烈轰动,获得很大成功。很快,莫扎特一家就成了奥皇的座上宾。他们被邀请到位于维也纳市郊的一个名叫"申布伦"的夏宫里,为皇帝举行演奏会。

进宫前,父亲对他说:"见了皇帝要叫陛下。"

"'陛下'是什么意思?"莫扎特反问道。

"陛下……是对皇帝的尊称。"父亲简单地解释。

"那么,他叫我什么?"

父亲一时不知怎么回答,想了想说:"他叫你'孩子',或……叫你'小莫扎特'。"

"我没有尊称吗？他为什么不叫我尊称？"

"好了，别问了。"父亲有些不耐烦，"你记住叫她陛下就行了。"

幸亏小莫扎特不知"陛下"的真正含义。如果他真的理解了"陛下"这两个字，说不定会闹出什么笑话来。

在为奥皇举行的演奏会上，小莫扎特不仅熟练地演奏了自己的作品，而且出色地演奏了其他许多作曲家的作品。他不仅自己演奏，而且还与姐姐南内尔一起演奏四手联弹（即两个人同时用四只手在一架钢琴上演奏一首曲子）。不管谁提出什么样的要求，出怎样

←莫扎特演奏过的钢琴

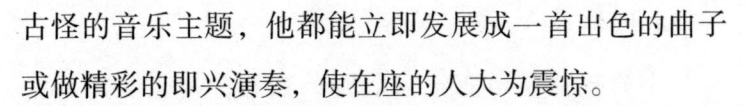

古怪的音乐主题，他都能立即发展成一首出色的曲子或做精彩的即兴演奏，使在座的人大为震惊。

一天，奥皇当着众多贵族的面，跟他开玩笑说："如果用布把琴键盖住，你还能演奏吗？"

小莫扎特格格地笑了起来，说："那一定很有趣。如果陛下要我这样做，我就试试。"

"你有把握吗？"奥皇问。

"当然。"莫扎特毫不犹豫地说，"我经常闭着眼睛弹，闭上眼睛弹行吗？"

"不！"奥皇故意执拗地说，"我要你把琴键盖住弹。"

"那好吧。"

奥皇拿出一块很大的白手帕，递给身边的仆人。仆人立即走过去，用手帕将琴键盖住。

小莫扎特在盖着白手帕的琴键上弹奏了一首难度很大的乐曲，竟一个音符也没有弹错。奥皇激动地走了过去，抱起小莫扎特，在他额头上吻了一下，说："你真是个小魔术师。"

莫扎特像个小啄木鸟似的在奥皇脸上、额上亲吻起来。他的这种亲吻，似乎并不是出于对奥皇的爱，而是出于一种讨报。好像她亲吻我一下，我要亲吻她十下才够本。奥皇是无法猜透这个孩子的心理的，只

管开心地笑着……

　　小莫扎特在申布伦宫受到的欢迎，是空前的。他使那些王公大臣们都变成了傻子，使那些太太、小姐们都变成了疯子。他从奥皇和她身边那些显赫贵族们的掌声、喝彩声中，感到自己比皇帝还伟大，感到自己无比的神圣和崇高。

　　可是，究竟是什么力量使他在这些平日威风凛凛、不可一世的贵族显贵们面前变得这般崇高和神圣呢？莫扎特有些迷惑不解。最后，还是父亲为他点出了事

→ 萨尔茨堡粮食街9号，莫扎特出生地。

情的真谛。

"这是音乐的力量。音乐是神圣的,崇高的,它能征服一切。"父亲进一步开导他说,"音乐并不是在任何人手中都能变得那么神圣和崇高,它只有在天才手中,在肯于吃苦、肯于钻研,酷爱它的人手中,才能产生出神圣和崇高的力量。"

从此,莫扎特对音乐更加崇拜、更加痴迷。他几乎全身心地投入到了音乐天国之中。

正在他受到皇宫的恩宠,名声大噪,演出邀请一个个接踵而来的时候,小莫扎特突然病倒了。他染上了猩红热,浑身发热,咽喉肿痛,一躺就是两个星期。幸亏关心他的人很多,治疗及时,没有使病情恶化。但,这给急于求成的父亲却提出了一个警告,小沃尔夫冈的身体状况不容乐观。如果长期这样下去,昼夜奔波,车船劳顿,甚至有时一场音乐会就要演奏四五个小时,对一个7岁的孩子来说,后果是不堪设想的。然而,利奥波德却未把这些放在心上。他所关心的仍然是演出,演出,演出……怎样使儿子尽快获得更大的声誉,使利奥波德家尽早过上富裕的日子。

巴黎之行

> 学习是人生道路上永恒的旅伴。
> ——德国谚语

利奥波德一家在维也纳逗留了3个多月,小莫扎特病情稍有好转后,便回到了萨尔茨堡。

人们没有料到,他们回到萨尔茨堡的第一件事,又是向大主教施拉腾巴赫伯爵请长假。大主教对这位

萨尔茨堡风光

刚刚被提升为乐队副指挥的利奥波德如此不忠于职守，而热衷带孩子到处旅行演出，感到恼火。可是，他们在维也纳受到的欢迎，以及奥皇对他们的宠爱，他也不是没有耳闻。迫于莫扎特家族眼下的声誉，大主教还是给了这个面子。只是要求利奥波德在萨尔茨堡尽职一段时间之后，再做远行。

1763年夏，正值萨尔茨堡最美好的季节，也是欧洲最美好的季节，利奥波德一家开始了第三次长途跋涉。这是一次真正的长途旅行，他们要到1 000公里以外的法国首都巴黎去。

对于今天的人们来说，1 000公里旅程算不了什么，只不过是个把小时的飞行。可是，在交通工具并不发达的18世纪中叶，要走这么远的路，可不是件容易的事。

这是一个晴朗的早晨，利奥波德一家乘上装饰有彩色玻璃的马车，兴致勃勃地离开了萨尔茨堡。马车好像也憋足了劲，撒欢儿似的在田野上奔跑着。

夏日那充满生机的山峦、河流和森林，使小莫扎特心旷神怡。他按捺不住投入大自然怀抱的喜悦心情，时而站起来，向着森林大河呼喊："你们知道我是谁吗？我是你们的国王！"

"好了，孩子，小心别摔着。"

圣史蒂芬大教堂,是全世界最著名的哥特式教堂之一。

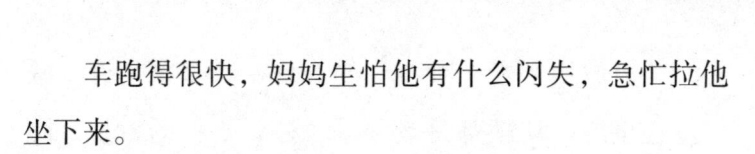

车跑得很快，妈妈生怕他有什么闪失，急忙拉他坐下来。

"不，妈妈，您知道我们在做什么吗？"

"我们在做长途旅行，路还远着呢，这样下去，你会吃不消的。"

"不，妈妈，我们在巡视我们的国家，我是国王！"

利奥波德看到儿子昂着头，充满自信的样子，心中暗喜。

我们没有看到过那个时期小莫扎特的肖像画。只从有限的文字资料中得知，那时的小莫扎特，个子不高，头也不大，但额头很宽。高高的鼻子，一双漂亮的、令人不可思议的大眼睛，着实惹人喜爱。

马车很快进入德国，他们的第一站是一年前曾经到过的慕尼黑。

旧地重游，虽说莫扎特长了一岁半，可崇拜他的人热情依然不减，而且更加如醉如痴。

离开慕尼黑，来到父亲的出生地奥格斯堡。利奥波德从18岁离开这里，至今已有20多年没回来过了。马车停在故居门前，哥哥约瑟夫·依格纳特、嫂子和他们3岁的小女儿玛丽亚·安娜（习称贝斯莱），都急匆匆跑出来欢迎他们。

利奥波德怀着一种复杂的心情,带全家走进了故居。这里的一切还都是老样子,还是那样的古朴、陈旧。可是,他变了。离乡多年,没有秉承父业的利奥波德回来了。他没有像当初人们预料的那样,在外混不上几年就得跑回来做印刷匠,而成了一位音乐家,成了一位身居萨尔茨堡宫廷乐队高位的作曲家、指挥家。这使他感到自豪,感到一种成就感。而且,最令他骄傲的还是他的儿子,一个7岁半的音乐天才,寄托着他的厚望和希冀,这更令他心潮澎湃,踌躇满志。

他们在奥格斯堡的演出很卖力气,利奥波德也上台与孩子们一起演奏。父子3人的三重奏团大有光宗耀祖的气势。

离开奥格斯堡,他们又去了路易斯堡、海德堡、

法兰克福剧院

人类音乐史上最伟大的天才　**莫扎特**

歌德的身骨埋葬在此

美因兹、法兰克福、科布伦茨、波恩、科隆等许多地方。每到一处，小莫扎特的演奏，都受到极其热烈的欢迎。

在法兰克福，当时只有14岁的歌德，听了小莫扎特的即兴演奏后，惊叹不已，以至终生难忘。莫扎特死后，他曾不无遗憾地说："如果我的《浮士德》是莫扎特作曲，那该有多好。"

由于是夏季，平日待在城里的贵族们，都到各自的领地避暑去了。按照利奥波德的意愿，他们首先要征服的是那些有钱有势的人。因为要从他们的腰包里往外掏钱，所以，就不得不忍受旅途的劳累，驱车到各个领地去演奏才行。

所到之处，他们都受到热烈欢迎，收入也相当可观。只是这种周游列国式的奔波，使小莫扎特实在难以承受，初当"国王"时的那种快活劲儿，早就不知跑到哪儿去了。

经过四个多月的长途颠簸，终于在1763年11月，到达巴黎城。

法国首都那宏伟的气势和塞纳河畔绮丽的风光，使小莫扎特欣喜若狂。他一连几天几夜都没有睡好觉。

最初几天，父亲带他参观了始建于公元312年的君士坦丁凯旋门。瞻仰了收藏有13世纪以来许多艺术珍品，并体现着欧洲早期哥特式建筑雕刻辉煌成就的巴黎圣母大教堂（即巴黎圣母院）。

在凡尔赛那南北长400米的宏伟宫殿前，在那有水池、喷泉、雕像、花圃，纵深达3公里的宫前大花园里，小莫扎特像一只矫健的雏燕，到处翱翔着，蹦跳着。他在这里受到的心灵陶冶，得到的音乐灵感，是其他任何地方所难以获得的，是用文字所难以表达的。

父亲还领他去了凡尔赛宫大教堂，听了那里唱诗班的演唱和管风琴演奏的音乐会。在凡尔赛宫歌剧院，听了气势恢宏的交响音乐会和法国大歌剧。巴黎丰富多彩的音乐生活以及浓厚的艺术氛围，使莫扎特第一次接触到了当时音乐创作的最高成就，使他看到了音

→巴黎圣母院

凡尔赛宫

乐峰巅的景色。同时也使父亲认识到，小莫扎特今后要走的路还很长。要想真正征服欧洲，征服全世界，只靠开演奏会是不行的，更重要的是要写出流芳百世的作品来。

不久，巴黎的书店里就出现了一本由4首奏鸣曲组成的《小提琴、钢琴奏鸣曲集》。在书的扉页上印着：

这是一个7岁孩子的作品——沃尔夫冈·阿玛德乌斯·莫扎特。

从此，莫扎特的名字，不仅在演奏会上出现，而且在许多有名的作曲家中间传开了。

1764年4月，莫扎特一家在巴黎逗留5个月之后，出人意料地渡过英吉利海峡,来到大不列颠王国的首都伦敦。他们在伦敦住了一年多。

18世纪60年代的英国,虽然继普赛尔死后,一直没有自己本民族的优秀作曲家出现,但伦敦仍不愧为音乐文化高度发达的都市。这里有着训练有素的合唱团和技艺高超的管弦乐队,有着著名的大歌剧院。这一切都强烈吸引着许多别国音乐家渡过海峡,到这里来从事音乐活动,以至在伦敦长期定居,视英国为第二故乡。

小莫扎特在伦敦第一次听到了亨德尔的清唱剧《弥赛亚》。那气势磅礴的合唱以及优美动听的咏叹调,

伦 敦

←亨德尔像

使他深受感动。从此,亨德尔成了他一生中最崇拜的作曲家之一。

在伦敦,他结识了德国著名大提琴演奏家卡尔·弗·阿尔贝,并为他创作了大提琴协奏曲。他还结识了意大利著名歌剧演员乔凡尼·曼楚奥利,并向他学

人类音乐史上最伟大的天才 **莫扎特**

习声乐知识。

　　一天，父亲带他来到王宫，拜访了老作曲家约翰·塞巴斯蒂安·巴赫的儿子，在宫廷任作曲家兼英王音乐教师的克里斯蒂安·巴赫。

　　29岁的克里斯蒂安与8岁的小莫扎特，虽然年龄相差悬殊，但却一见如故。从此，他们成了忘年交，小莫扎特经常去拜访他。他向小莫扎特介绍自己的作

→莫扎特在作曲

品，并长时间跟他谈论有关音乐理论方面的问题。有时，他还与小莫扎特一起进行四手联弹，并出一些很难的题目，让莫扎特做即兴演奏，他自己也做即兴演奏，然后，两个人展开讨论或研究。

克里斯蒂安·巴赫年轻时就离开德国，到意大利去学习音乐。他是在意大利接受的正规音乐教育，并创作了多部意大利歌剧。1762年来到伦敦，在他亲自指挥下演出了他的几部意大利歌剧，深受英国人的欢迎。从此，他的创作也进入了成熟期。在不到两年的时间里，就创作了多部交响曲、协奏曲和室内乐。他的音乐纯朴真挚，结构严整，旋律近似意大利歌剧的咏叹风格，这些都使小莫扎特格外喜欢。尤其是克里斯蒂安的交响曲，更给他留下深刻的印象，对他后来的交响乐创作产生了很大影响。

在克里斯蒂安的亲自指导和帮助下，小莫扎特创作了他一生中最初的几部交响曲。这几部作品都在伦敦成功地进行了首演。另外，他还为钢琴和其他乐器创作了许多作品，都获得了成功。

一天，克里斯蒂安与小莫扎特共进晚餐。他望着莫扎特那充满稚气、天真无邪的小脸，想起了自己的童年，想起父亲向他讲述过的自己那些不幸的往事。他觉得小莫扎特太幸运了。他从出生那天起，就生活在温暖的环境里,母爱陪伴着他,父爱陪伴着他。6岁起,又被铺天盖地的掌声包围着,他几乎每天都生活在崇拜与赞扬声中。可是,人生的道路能总是这样平坦吗?像他这样一棵温室的幼苗,一旦遇到大的暴风雨,将会怎样呢?想到这里,他不免为莫扎特的未来有些担忧。他向他讲起了父亲老约翰青少年时期的生活。

当他讲到父亲9岁时,因家庭贫困,买不起乐谱,在月光下抄写乐谱,累坏了眼睛,以至到晚年双目失明的故事时,小莫扎特深受感动。他觉得老约翰不仅是个伟大的音乐家,而且是个高尚的人。在后来的岁月里,不管他遇到什么样的困难,逆境中都会想起老约翰月下抄谱的情景,使他在任何生活磨难面前,不失其应有的人格。

相关链接

"音乐之父"巴赫

巴赫(巴哈)(1685~1750),最伟大的德国作曲家之一,以创作《勃兰登堡协奏曲》《b小调弥撒曲》《平均率钢琴曲集》以及大量的教堂音乐和器乐曲而著称。他把前人发展起来的主要风格、形式和传统概括地加以研究并汇集在一起,使之更加丰富多彩。他的先辈世代均为乐师,他的4个儿子均为作曲家,使得巴赫家族在德国音乐史上颇具传奇色彩。

人类音乐史上最伟大的天才 **莫扎特**

初遭妒火

> 平静的湖面上,练不出过硬的水手。
> ——俄罗斯谚语

早到了该回家的时候,利奥波德的假期早已届满,萨尔茨堡大主教已多次向他表示了不满。可是,小莫扎特旅行演出中所获得的声誉以及丰厚的经济收入,使他们乐不思返。据史料记载,他们几次演出获得的总收入在7 000奥币以上,相当于利奥波德在宫廷中10年的收入。小莫扎特收到的礼品也相当可观,其中,有极其珍贵的金表、戒指、鼻烟盒等。

萨尔茨堡——莫扎特的故乡

←11岁时的莫扎特

1766年11月,莫扎特已经快11岁了,他们才回到萨尔茨堡。

气急败坏的施拉腾巴赫大主教立即停发了利奥波德在宫廷的年俸,并对他大发雷霆。

可是,当利奥波德把小莫扎特在巴黎出版的奏鸣曲集递到大主教面前时,大主教立刻平静下来。他看到一个7岁的孩子能写出这样优秀的作品,大为惊叹。惊叹之余,他又半信半疑。看看乐谱,再看看利奥波德，问道："这完全是他一个人写的吗？"

"是的。"利奥波德肯定地回答。

"好吧，你先回去，小沃尔夫冈留下来，让我跟他单独谈谈。"

"是，阁下。"

利奥波德走了。

大主教站起来，走到小莫扎特跟前，摸摸他的头顶，说："孩子，你能写清唱剧吗？"

"能。"莫扎特回答得很干脆，"我在伦敦听过亨德尔的清唱剧，那真是太美了，我知道应该怎么写。"

"噢？"大主教想了想说，"现在，米海尔·海顿正在写一部清唱剧，不过，第一乐章还没人写，你来完成第一乐章，好吗？"

小莫扎特点了点头。

"不过，我有个要求。"大主教接着说，"你不能回家去写，要在我的城堡里写，要用最快的速度完成，行吗？"

"是，阁下。"

小莫扎特被关进了城堡里，不许父亲探视，每天由仆人送饭。他凭着自己非凡的记忆力和听觉，再加上自己特殊敏锐的感受，模仿亨德尔清唱剧《弥赛亚》的气势，仅用6天时间，就完成了创作。演出时，他

的第一乐章非常成功，大主教分外惊喜，那些说三道四的人也都哑口无言了。

1767年9月，奥国公主玛丽亚·约瑟法要与那不勒斯国王费尔南德在维也纳举行结婚庆典，奥皇邀请莫扎特一家去了维也纳。婚礼原定10月举行。可莫扎特一家很不走运，一到维也纳，正赶上天花流行。疫情发展很快，连公主玛丽亚也被传染，婚礼不得不一再推迟。最后，传来令人震惊的消息，玛丽亚公主病亡。喜庆的婚礼变成了无情的葬礼，维也纳全城被悲哀和疾病的恐慌笼罩着。

18世纪维也纳的爱乐音乐学院

人类音乐史上最伟大的天才 **莫扎特**

莫扎特时代的乐器工厂

利奥波德见势不妙，当机立断带全家逃往捷克的奥洛穆茨。但是，两个孩子还是染上了天花。特别是小莫扎特，病得很重，有七八天双目失明，使利奥波德大大出了一身冷汗。

他们在奥洛穆茨一直躲到1768年的1月，才又回到维也纳。可是，等待他们的依然是失望和无奈。那里的人们突然对举行各种演奏会失去了兴趣，而热衷于举行各种场合的社交舞会。再加上小莫扎特已经不"小"。过了12岁，再称"神童"，似乎有些过大。若称艺术家，又显得有些过小。结果，这年冬天，莫扎特一直闲着没事干。

在维也纳宫廷里，有些职业音乐家总是嫉妒这个赢得了欧洲声誉的孩子，生怕他夺了自己的饭碗，总用谗言诋毁他，阻止他参加各种活动。也许是过早的成熟、过早的声誉，使莫扎特过早地进入了人生的转折期。

"可是，我们没有退路可走，不管遇到什么样的困难，我们都只能前进。"利奥波德这样开导儿子，劝他坚持在维也纳寻找新的出路。

一个难得的机会终于到来了，神圣罗马帝国皇帝约瑟夫二世委托莫扎特，为意大利剧作家卡尔洛·哥尔多尼的喜剧《假傻姑娘》（又译《假傻子》）改编的歌剧作曲。歌词由宫廷诗人考泰尔里尼撰写。

莫扎特投入全部热情，兢兢业业地完成了这部歌剧的创作。当他把乐谱拿到剧院去时，歌手们都很喜欢这部歌剧，并很快练会了各自的声部和唱段。剧院经理也很热心地履行预约，做好了一切上演的准备。可是，到了首演日期，却得到演出推迟的消息。

以宫廷乐长为首的一些作曲家们，在皇帝面前用温和的口气谗言这部歌剧太"稚嫩"，把莫扎特的大胆创新，说成是"有点狂妄"，违反意大利歌剧传统；反过来又说他那些符合意大利模式的唱段，有些生搬硬套，毫无新意。总之，他们千方百计阻挠这部歌剧的

人类音乐史上最伟大的天才　**莫扎特**

→ 位于维也纳的莫扎特像

上演。他们似乎预感到这个孩子的威胁，一旦让他的歌剧在维也纳走红，他们都将失去往日的光彩，都将日落西山，那是多么可怕的结局呀！想到这里，他们就惶惶不可终日。于是，采用各种手段，在皇帝面前贬低莫扎特的天赋。最后，终于取消了这部歌剧的上演。

莫扎特投入极大热情创作的歌剧，被无辜取消演出，使他十分伤心。在他痛苦不堪的时候，来"安慰"他的人，又是那些妒忌他的人。他们把维也纳说得暗无天日，把宫廷说得苦不堪言，似乎他们都是被害者。劝他尽早离开，其实想借机把莫扎特挤走。

维也纳催眠术专家安东·梅麦尔博士是莫扎特的热心崇拜者。他听说莫扎特的遭遇后，大为愤慨，深表同情。一天，他找到莫扎特，请他为自己的家庭剧院谱写一部德国小歌剧《巴斯蒂安与巴斯蒂安娜》，并给予丰厚的酬金。这使陷入精神与经济困境的莫扎特一家，得到了一些宽慰。

《巴斯蒂安与巴斯蒂安娜》是法国著名启蒙运动思想家卢梭的作品。原名为《乡村占卜师》（又译《乡

莫扎特同教士们一起演奏室内乐

人类音乐史上最伟大的天才　**莫扎特**

萨尔茨堡莫扎特的故乡

村医生》)。剧中描写一对牧羊小夫妻巴斯蒂安与巴斯蒂安娜，原本恩恩爱爱，亲密无间。可后来巴斯蒂安遇到一位城市姑娘，使他魂不守舍，想入非非，竟疏远了自己的爱妻。乡村占卜师科拉斯见此情景，及时给巴斯蒂安以忠告，并巧施法术，使他头脑立刻清醒过来。回心转意的巴斯蒂安，向妻子赔罪，请她原谅。巴斯蒂安娜佯装余恨未消，偏不与他修好。结果，闹出一场令人啼笑皆非的喜剧。

　　这部歌剧从创作到排练前后不到两个月时间，就在梅麦尔的私人剧院里上演了。那富于色彩性的农村生活情景，那牧歌风味的音调，以及小巧玲珑的咏叹调和纯朴优美的二重唱，使整个歌剧充满了明朗欢快的情调，演出获得很大成功。

在维也纳的一年里,莫扎特除创作了两部歌剧之外,还创作了三部新的交响曲。这三部交响曲与在伦敦创作的交响曲相比,有了很大进步。他还创作了一部弥撒曲——《庄严》。12岁的莫扎特亲自上台指挥了这部弥撒曲的演出。那情景是可想而知的。

1768年底,难以在维也纳立足的莫扎特,不得不再次回到了萨尔茨堡。

1769年5月,在施拉腾巴赫大主教的支持下,歌

← 萨尔茨堡音乐节

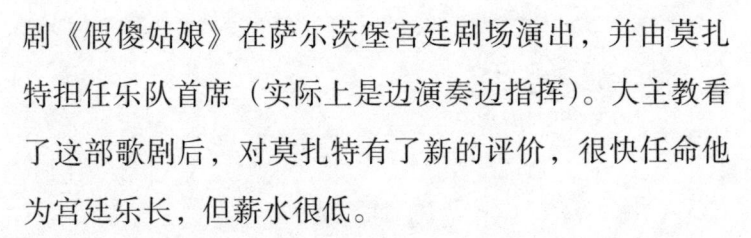

剧《假傻姑娘》在萨尔茨堡宫廷剧场演出，并由莫扎特担任乐队首席（实际上是边演奏边指挥）。大主教看了这部歌剧后，对莫扎特有了新的评价，很快任命他为宫廷乐长，但薪水很低。

在萨尔茨堡这样的小城任宫廷乐长，主要职责不过是创作一些教会用的音乐。在这期间，根据大主教的指令，13岁的莫扎特创作了许多宗教仪式用曲，其中有两部弥撒曲，一首合唱与管弦乐用的作品《荣耀》（也译作《神啊，我们赞美你》）。还有一首天主教礼拜用曲《奥费尔托里》，他还不得不为宫廷舞会写一些小步舞曲或其他舞曲。后来，他用这些舞曲作素材，编成一部管弦乐组曲，著称于世。虽然这部组曲的名字叫《小夜曲》，但它已远远超出消遣音乐的范畴，而接近于交响乐体裁。组曲由三个乐章组成。第一乐章是奏鸣曲式的快板；慢板乐章有点像抒情性浪漫曲；末乐章又是一个活泼的快板，很受人喜爱。

然而，莫扎特最热衷的还是歌剧。父亲也清楚地看到了这一点。这一年，他一直计划着带儿子到歌剧的故乡意大利去。莫扎特还没去过意大利，父亲希望他能在那里拜会更多的名家，学到更多的东西，在歌剧创作上尽快取得成就。

相关链接
XIANGGUAN LIANJIE

清唱剧

形成于16世纪末,到了17世纪,以基督教为主要内容得到迅速发展,代表人物为卡里西米与许茨。清唱剧分为拉丁文的教会音乐与意大利文的通俗音乐两种类型。著名的清唱剧作品有:《复活节清唱剧》《十字架上耶稣的七言》《圣诞节的故事》等,中国第一部清唱剧是黄自作曲的《长恨歌》。

清唱剧与歌剧的不同是没有布景、服装和动作,多在清唱剧音乐会上演出。

弥撒曲

是天主教弥撒祭曲活动演唱的歌曲,是宗教音乐中一种重要的体裁。

人类音乐史上最伟大的天才　**莫扎特**

意大利之行

天才，无非是长久的磨炼与努力。
——福楼拜

伟大的文学家歌德在总结他的人生体验时说："我一生都在辛苦地工作。可以说，我活了75岁，没有哪一个月过的是真正舒服的日子。就像推一块石头上山，石头不停地滚下来，我又不停地推上去。"

阿尔卑斯山

←莫扎特

　　为了自己所热衷的事业，为了达到梦寐以求的境界，为了攀登那永无止境的顶峰，这一切都需要坚忍不拔的精神，一如既往的恒心，和空前忘我的奋斗精神。正是这种"推石头"精神，使莫扎特成了举世瞩目的伟大天才。

　　1769年12月，正是萨尔茨堡最寒冷的季节。阿尔卑斯山披上了厚厚的积雪，莫扎特在父亲的陪同下，坐着四面透风的马车，开始了他的第一次意大利之行。他们身上裹着厚厚的毛毯，越过崎岖的山路，首先来到奥地利西北部的因斯布鲁克。然后，穿过寒风凛冽的勃伦纳山口，进入意大利北部山城博尔扎诺。在这里稍事休息后,直奔阿迪杰河畔的维罗纳。

维罗纳是意大利北部重要交通枢纽,也是意大利北部的文化名城。这里有始建于公元1世纪的古罗马圆形剧场,有众多始建于各个不同年代的教堂。

在维罗纳和它附近的曼图亚,莫扎特都成功地举行了各种演奏会。他的演出已不像童年时那样,以"神童"取悦于人。而是以一个严肃少年艺术家的身份,在众人面前展示自己非凡的、全面的音乐才华。他坐在钢琴旁,一面弹奏钢琴或演奏小提琴,一面指挥管弦乐队,演奏自己创作的钢琴、小提琴协奏曲,同时即兴演奏奏鸣曲和赋格曲,即兴为歌手演唱的咏叹调伴奏。这一切都博得人们热烈的赞赏。

古罗马圆形剧场

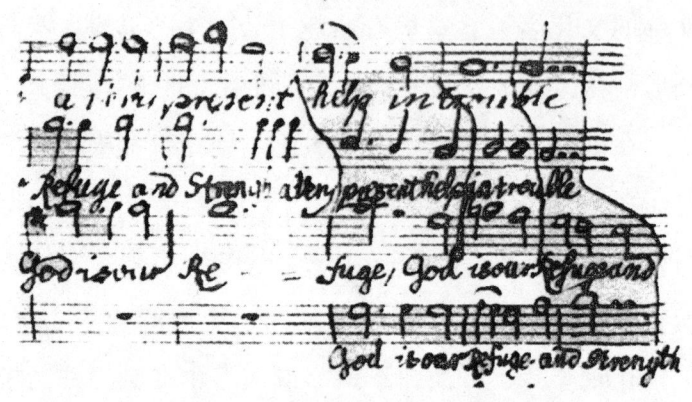

1765年莫扎特送给不列颠博物馆的礼物

　　1770年初,他们带着维罗纳人的热情与赞扬,去了意大利北部的歌剧之都米兰。

　　在米兰,伦巴迪亚省总督费尔米安伯爵在宫廷里为莫扎特举行了一场非常隆重的晚会。他要莫扎特在他高雅的社交界朋友们面前,充分显示他的艺术才华。早已耳闻莫扎特能创作意大利歌剧的米兰歌剧院,更是早就准备好了一出拿手戏。他们请莫扎特当场为著名歌剧脚本作家麦塔斯塔西奥的4首歌词,谱写3首咏叹调和1首宣叙调。莫扎特仅用30分钟时间就完成了创作,并在晚会上演出。全场沸腾了,米兰歌剧院的经理和艺术家们更是欣喜若狂。他们确认莫扎特是一个出色的少年意大利歌剧作曲家。于是,向他预约了一部歌剧,决定在下个演出季的圣诞节上演。

这时正是初春3月,距12月25日的圣诞节还有9个多月的时间。这么长时间创作一部歌剧,对浑身都是音乐的莫扎特来说是轻而易举的。他向父亲建议,是否一边构想歌剧一边到意大利其他城市去演出和访问。父亲采纳了他的建议,二人首先去了意大利中部的博洛尼亚。

这里有一所著名的音乐学院。说它著名,是因为它有一位杰出的代表人物,被欧洲人称为对位法大师的著名音乐教育家、作曲家玛尔蒂尼。他创作的无以伦比的对位风格的教会音乐,在整个欧洲享有盛名。

博洛尼亚

圣彼得大教堂

18世纪许多优秀作曲家,如格鲁克、皮钦尼等,都是他的学生。

玛尔蒂尼看了莫扎特的作品,听了他的演奏之后,发现他是一个很有天赋的少年,收他做了学生。

莫扎特开始在玛尔蒂尼指导下,认真学习对位法,钻研复杂的作曲技巧。玛尔蒂尼对他要求很严。他要求莫扎特每次来上课时,必须带一首按对位法规则创作的赋格曲。这既是作业,又是考试。莫扎特每次拿来的赋格曲都十分出色,经常得到玛尔蒂尼的赞扬。

在博洛尼亚学习期间,莫扎特和父亲抽暇去了佛罗伦萨、罗马和意大利西南部的海滨城市那波里(即那不勒斯)。每到一地,他们都举行各种形式的演奏会,参观各地的博物馆、陈列馆和历史遗迹。尤其在

人类音乐史上最伟大的天才 **莫扎特**

各地剧院看了许多意大利歌剧,结识了许多优秀的作曲家和歌剧演员,这对莫扎特完成米兰歌剧院的预约,创作好歌剧《庞廷王——米特里达特》,产生了难以估量的作用。

在罗马,发生了这样一件事,又一次显示出莫扎特非凡的听觉能力和超人的记忆力。

那是一个耶稣受难日的早晨,他和父亲来到西斯廷礼拜堂,拜访那里的合唱队。正巧合唱队在演唱罗马教皇音乐团团员、著名作曲家阿列格里创作的弥撒曲《上帝啊,怜悯我》,使莫扎特深受感动。那深沉悠扬的旋律,那精美的多声部赋格音响,深深打动了莫扎特。

→ 莫扎特在美泉宫登台演出

→莫扎特音乐学院

    这首作品原本是根据罗马教皇的指令,专门为梵蒂冈罗马教廷的两个大教堂(圣彼得大教堂和梵蒂冈大教堂)创作的,每年只许在耶稣受难日那天演唱两次。所以,很少有人听到。另外,罗马教皇对此有明文规定,不但其他日子不准演唱,而且严格禁止向外传抄。可是,莫扎特听了一遍之后,就完整地记在了心里。回到住处,他准确无误地把各个声部都写了下来,以至后来这部作品到处流传,罗马教皇还不知是怎么回事。

    5月,莫扎特父子回到了博洛尼亚,继续在玛尔蒂尼大师指导下，学习对位法。并开始歌剧《庞廷王——米特里达特》的创作。

歌剧《庞廷王——米特里达特》是根据法国著名古典悲剧作家拉辛（1639—1699）的悲剧《米特里达特》改编。题材取自罗马史，描写庞廷王反对罗马专制统治的斗争。

两个月后，莫扎特学习、创作双获丰收。根据他的学业成绩和非凡的创作才能，博洛尼亚音乐学院授予他"院士称号"。这是只有极少数著名作曲家才获得过的荣誉，而仅仅14岁的莫扎特就得到了。

12月26日，圣诞节的第二天，《庞廷王——米特里达特》在米兰歌剧院上演，盛况空前，反响巨大。莫扎特的荣誉一个接一个飞来。罗马教皇授予他"金马刺勋位"，维罗纳爱乐学院也授予他院士称号。

光荣的称号与创作预约几乎是同步而行。莫扎特回到萨尔茨堡不久，又接到米兰歌剧院的新预约。契约书上明确写着："新歌剧《卢其奥·西拉》要在1771年狂欢节时上演。"正在这时，他又接到奥地利女皇玛丽亚·特利莎的预约，约他为自己的儿子费尔南德与意大利摩德纳公主玛丽亚的婚礼庆典写一部小夜曲。

这部作品要得更急。婚礼要在10月举行，可是，莫扎特拿到脚本时已是8月底，这样留给他的创作时

间只有十几天。莫扎特不得不为此再次在父亲陪同下来到米兰。他仅用一周时间就完成了创作。

女皇看了这部小夜曲的演出,非常高兴,当即送给他一块贵重的金表。可是,已经15岁的莫扎特,不再是个孩子,他对来自贵族的这种馈赠已不感到欣慰和荣耀。他们的馈赠只不过是像对待乞丐一样,对一个音乐家的轻视与施舍。难道我的音乐只能与一块金表画等号吗?一向把金钱看得很轻的莫扎特,心里隐约产生一种屈辱感。

他的感觉没有错,就在米兰总督费尔米安伯爵想要聘任莫扎特为宫廷作曲家时,女皇写信劝阻他说,

莫扎特曾经在此演奏

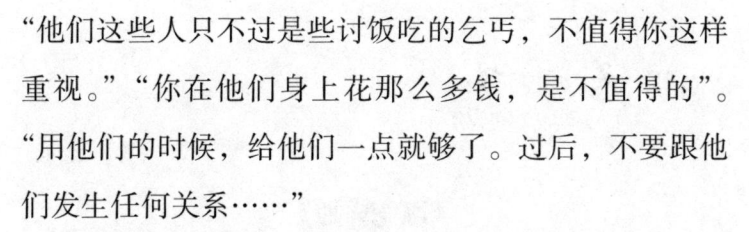

"他们这些人只不过是些讨饭吃的乞丐,不值得你这样重视。""你在他们身上花那么多钱,是不值得的"。"用他们的时候,给他们一点就够了。过后,不要跟他们发生任何关系……"

这使莫扎特的心灵受到很大震颤。从此,他对贵族以及自己所处的地位,有了一个新的认识。

1771年12月,又是一个冰天冻地的季节。莫扎特和父亲依然迎着凛冽的寒风,裹着厚厚的毛毯,坐着四面透风的马车,回到了萨尔茨堡。那些荣誉和掌声似乎都留在了原处,而跟随他们的只有过度的疲劳。他一路不断地咳嗽着……

就在他们到达萨尔茨堡的那天,西斯蒙德大主教冯·施拉腾巴赫伯爵去世了。

相关链接

《协奏曲》

《协奏曲》因为有两种以上的音乐组织进行协作、演奏,所以成为器乐作品中最具喜剧效果的一种体裁。

歌　剧

歌剧(opera)是将音乐(声乐与器乐)、戏剧(剧本与表演)、文学(诗歌)、舞蹈(民间舞与芭蕾)、舞台美术等融为一体的综合性艺术,通常由咏叹调、宣叙调、重唱、合唱、序曲、间奏曲、舞蹈场面等组成(有时也用说白和朗诵)。早在古希腊的戏剧中,就有合唱队的伴唱,有些朗诵甚至也以歌唱的形式出现;中世纪以宗教故事为题材,宣扬宗教观点的神迹剧等亦香火缭绕,持续不断。但真正称得上"音乐的戏剧"的近代西洋歌剧,却是16世纪末、17世纪初,随着文艺复兴时期音乐文化的世俗化而应运产生的。

曼海姆之行

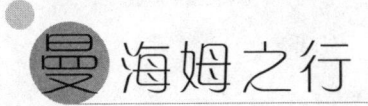

> 世界荣誉的桂冠，都是由荆棘编织出来的。
> 　　　　　　——加莱

西斯蒙德大主教的去世，使莫扎特的人生发生了一个大的转折。接替他的是伊罗尼姆·柯洛列多伯爵，改称希罗尼穆斯大主教。

这位新主教对利奥波德一家要求十分苛刻。他不许莫扎特再到外地去演出，更不许利奥波德陪同莫扎特一起到外地去演出。可他给这位少年宫廷乐长的酬金又少得可怜，年俸仅

→ 莫扎特像

歌德故居，歌德就在这里写出著名的《少年维特之烦恼》和《浮士德》。

150奥币，合月薪十几个奥币。

为了得到这微薄的佣金，莫扎特不得不忍受各种屈辱。他每天必须在大厅里坐上几个小时，等待大主教的指令，来安排一天的排练和演奏。稍有延误，就会遭到训斥和责骂。而且，他还必须根据大主教的要求和他那些贵族朋友们的口味来创作作品，供他们消遣。

即使如此，莫扎特对创作的执着丝毫不减。他除在宫廷尽职外，还创作了大量交响曲、小夜曲和教会音乐作品。在这众多作品中，最引人注目的当属受海顿影响创作的第25交响曲。在这部作品中，他一反从前那种单纯追求纯乐观情绪的渲染，而注意用音乐来表现自己的内心感受和心灵经历。用音乐形象的戏剧性冲突，来表现一种新的激动不安和一种近似于悲壮的感情。这正是18世纪中叶欧洲艺术中新的进步倾向的表现。这个时期歌德写出了《少年维特之烦恼》，席勒写出了《强盗》《阴谋与爱情》。17岁的莫扎特创作的这部交响曲，表现出来的正是一种反对专制束缚，争取心灵自由平等的内心不安情绪。这是他先前作品中所从未有过的。

为了摆脱大主教的束缚与管制，莫扎特曾多次向他提出请假，想借机离开萨尔茨堡。虽然每次都遭到无理回绝，可他一直没有退缩。直到1777年9月，已

曼海姆

经21岁的莫扎特,才得到大主教的恩准,给了他一次外出旅行的机会。但条件是不许利奥波德同行,他必须留下来在萨尔茨堡尽职。

长期在家人陪同下外出的莫扎特,毫无独立生活的能力。一个人外出,将不堪设想。无奈,只好由母亲陪同去了曼海姆。

位于莱茵河和内卡尔河交汇处的曼海姆,是德国西南部一座很不起眼的小城。但这里却是一个很有名气的欧洲新乐派的活动中心。在这里,集聚着一群很有造诣的捷克演奏家。由他们组成的宫廷管弦乐队,在乐器改革及交响乐演奏风格上独树一帜。他们首先在乐队中使用了单簧管(即黑管),使乐队的音色变得格外明亮。他们还首先在交响曲的写作形式上采用"总谱"写法,并在演奏中以注重力度变化和强弱对比而著称,被人们誉为"曼海姆乐派"。

莫扎特一到这里,就受到热烈欢迎。乐队组织者兼指挥坎纳比西热情接待莫扎特母子,并请他们住在自己家里。曼海姆乐派在乐队改革上取得的成绩,使莫扎特很受启发。乐队排练时,当他听到黑管的声音时,十分惊叹,不住地问:"这是什么?这是什么声音?这么明亮?"乐手把黑管拿到他的面前,向他解释,这是由一个簧片做哨子的单簧管时,他高兴地拿

人类音乐史上最伟大的天才 **莫扎特**

莫扎特手迹

过黑管，放到嘴上吹了两声，神经质地大笑起来。接着，他询问了乐器的性能和音域，从此，他把黑管也写进了自己的交响乐总谱中。

在曼海姆，他应邀为这支出色的管弦乐队，创作了许多新形式的作品。其中，为具备了特殊技巧的长笛演奏家创作了两首长笛协奏曲。为长笛、小提琴、中提琴、大提琴创作了一首特殊的四重奏。他还创作了7首小提琴或钢琴的奏鸣曲。

除了创作以外，他还以作曲家和演奏家的双重身份，与曼海姆乐队合作，举行了多场音乐会。他一边演奏钢琴或小提琴，一边指挥乐队，演奏自己创作的协奏曲。许多贵族听了他的音乐会，向他预约作品，请他教课。莫扎特感到了作为一个成熟音乐家的自豪。

一天，他想找一位抄谱员，为他新创作的一部作品抄写分谱。人们介绍他认识了宫廷歌剧院的男中音歌手兼抄谱员弗里德林·韦伯。

　　弗里德林·韦伯是德国著名作曲家、歌剧《自由射手》作者卡尔·冯·韦伯的伯父。当莫扎特带着自己的作品来到韦伯家时，看到一位女歌手正在钢琴旁练习发声。弗里德林急忙介绍说，这是他的二女儿阿洛伊佳，17岁，是个初登舞台的女歌手。

　　阿洛伊佳那迷人的容貌和优雅的举止，使莫扎特一见倾心。他极力说服母亲在曼海姆留下来，并以教

← 德国作曲家韦伯大铜章

阿洛伊佳声乐为名，经常到韦伯家去。有时他教阿洛伊佳发声，有时把自己的作品教阿洛伊佳试唱，并认真指导她提高理解音乐和塑造人物的能力。为报答莫扎特的深情，阿洛伊佳把自己纯真的爱情默许给了莫扎特，使他第一次感到什么是真正的爱情。

当时，阿洛伊佳正在参加一部歌剧的排练。这部歌剧是由德国作曲家格尔茨保尔创作的，名字叫《施瓦尔茨堡》。歌剧演出那天，莫扎特和母亲应邀观看了演出。阿洛伊佳那美妙的歌喉，简直使莫扎特陶醉了。也许是"爱屋及乌"，他发现这部歌剧既不同于意大利正歌剧，也不同于法国大歌剧。它是摆脱了以往欧洲一统的意大利歌剧模式，按照德国本民族的生活习惯创作的一部德国民族歌剧。这使莫扎特感到格外亲切，同时他也认识到，歌剧创作必须走自己的路，必须走本民族的路，既要吸收意大利歌剧的创作经验和长处，又要创作出自己本民族的歌剧来。

韦伯家共6口人。他养有4个女儿，除二女儿阿洛伊佳外，还有大女儿约瑟法，三女儿康斯坦采和四女儿索菲。后来真正成为莫扎特妻子的是三女儿康斯坦采。

当时，韦伯的收入十分微薄，生活相当贫困。莫扎特出于同情，不仅在经济上给了他们很大帮助，而

且表示愿与阿洛伊佳结婚。他发誓要把阿洛伊佳带到意大利去学习声乐，把她培养成一位出色的歌剧明星。

当然，这一切只母亲同意不行，必须征得父亲的同意才算。他想，如果父亲能见到阿洛伊佳，目睹她的容貌和音乐才华，一定会同意他们之间的爱情。为此，他让母亲等在曼海姆，自己带阿洛伊佳返回了萨尔茨堡。

利奥波德发现儿子回来了，先是大吃一惊，随后表现得十分冷淡，他耐着性子听了阿洛伊佳的演唱和她弹奏的钢琴奏鸣曲，虽然心中十分惊讶，可他却没让这一切有丝毫的表露。表现出来的是极有分寸的评价和极其严肃的面孔。莫扎特没有办法，只好逗留两天后，领阿洛伊佳回了曼海姆。

莫扎特的故乡——萨尔斯堡

人类音乐史上最伟大的天才 **莫扎特**

莫扎特故居

随后他就接到了父亲的来信。利奥波德以严厉的口吻训斥他说:"不要忘了你这次旅行的目的,要尽快赶到巴黎去!若不能跻身伟大人物的行列,就不要做人!就别回来见我!"这一针见血的忠告,使莫扎特从爱情的痴迷中清醒过来。四周后,他与母亲踏上了前往巴黎的路程。

这是他第二次满怀期望地奔往巴黎,可在那里等待他们的将是什么呢?

刚到巴黎不久,母亲就因旅途劳累和诸事烦心病

倒了。连自己都照顾不了的莫扎特,不知该怎样照顾母亲才好。加上为应付巴黎的开销,他不得不日夜奔波,埋头创作。虽然请了巴黎一流的医生诊治,母亲的病情仍不见好转。

7月,一个热得让人透不过气来的黄昏,在莫扎特一声声呼唤声中,母亲离开了人世。这突如其来的打击使莫扎特惊呆了。他沿着塞纳河不知徘徊了多少个日夜,他感到孤独,感到寂寞。巴黎人还有谁能记得他童年时留在这里的辉煌呢?此刻,又有谁会对一个萨尔茨堡音乐家感兴趣呢?莫扎特遭到了命运的第一次打击,年轻的心受到了难以言表的创伤。

万幸的是,当年为他出版过钢琴、小提琴奏鸣曲集的出版商还记得他。出于同情,帮他重新打开了局面。可这一切并未给他带来多大的精神安慰和物质上的满足。

在巴黎的几个月里,他一直没有得到创作歌剧的机会。为"神圣乐团"创作的第31(巴黎)交响曲,虽然受到了巴黎人的欢迎,可他自己并不满意。他觉得巴黎的乐队比起曼海姆的乐队来相差甚远,既不够灵活,表现力又很差。除此之外,他只创作了a小调、C大调和A大调几部钢琴奏鸣曲。其中,A大调奏鸣曲中土耳其风格的第三乐章,深受人们欢迎。许多演奏

人类音乐史上最伟大的天才　**莫扎特**

家在音乐会上单独演奏,称为《土耳其进行曲》。他还为正在巴黎演出的几位曼海姆演奏家创作了长笛、双簧管、圆号和大管的"四重协奏曲"。

　　1778年9月,他接连不断收到父亲的来信,责备他无所作为,忘记了对家庭的责任,催促他立即返回萨尔茨堡。莫扎特对在巴黎找到一个固定职位也失去了信心,只好踏上了归途。

巴　黎

相关链接

钢琴协奏曲

　　是钢琴和乐队之间的协作贯穿整个作品，钢琴与乐队的关系在旋律的发展过程中互相作用所产生的丰富效果。

　　一般来说，钢琴协奏曲中，钢琴与乐队往往有一种对抗同时也讲究和谐、矛盾也必须统一的关系，尤其是贝多芬之后的钢琴协奏曲，更讲究钢琴与乐队之间的复杂关系、矛盾关系。常见的协奏曲中的矛盾关系，常常体现于音色的对比、旋律的对比、声音强弱的对比、演奏结构的对比等。音色的对比，可以通过乐队的不同乐器的单个或者小合奏、大合奏与钢琴之间的协作，表现出丰富的声音色彩变化。旋律的对比，可以体现在乐句时而优美流畅、时而轻如游丝、时而灵动轻巧、时而石破天惊、时而欲言又止，如此等等。强弱的对比，往往与旋律的变化存在密切的关系，因为旋律的特点多数情况下都直接决定了声音的强或弱，因此在注意旋律变化时，还可以注意音符的强弱关系。演奏结构的对比，在

一定意义上也是音色的对比，只不过是观察的角度不同。因为采用哪几个声部进行演奏，也是意味着将产生什么样的声音。

《土耳其进行曲》

《土耳其进行曲》，为奥地利音乐家莫扎特的A大调第十一号钢琴奏鸣曲的第三乐章。

这是一首以"土耳其进行曲"为主题而驰名世界的变奏曲。实际上，本曲的主题本身并非具有纯正的土耳其风格，正如莫扎特的《土耳其进行曲》一样，只是反映了当时流行的一种"东方风格"，而在现代人看来，本曲几乎没有什么东方味道。但是由于它具有十分通俗而流畅的旋律，故与莫扎特的同名作品齐名，成为不朽的古典小品。那么它为什么又叫"进行曲"呢？这是由于贯穿全曲的这个主题，模仿了土耳其军乐的明朗、雄壮的特点，在大调上以进行曲节奏出现3次，这就决定了乐曲进行曲的性质。这首乐曲的曲调流畅动听，技巧也不难，所以受到人们的喜欢而经常被拿出来单独演奏，反而比《A大调钢琴奏鸣曲》更有名气。

初 恋

哪个青年男子不善钟情?
哪个妙龄少女不善怀春?
这种人性中的至洁至纯,
为何又伴有惨痛飞迸?

——歌德

在回萨尔茨堡途中,莫扎特再次来到了曼海姆。可这里的情况却发生了很大变化。

← 慕尼黑

曼海姆选帝侯已去慕尼黑任职，他把宫廷全部迁往慕尼黑，许多音乐家随同前往，韦伯一家也在其中。

莫扎特得知这个消息后，立即动身赶往慕尼黑，来寻找他的恋人阿洛伊佳。

莫扎特找到韦伯家后，借得一间房子暂住下来，并寻找各种机会与阿洛伊佳见面。这时阿洛伊佳已是一个小有名气的歌剧演员，并在与一位宫廷男歌手约瑟夫·兰格恋爱。对于处在困境的莫扎特来说，她已不屑一顾。阿洛伊佳明确向他表示，虽然一年前爱过他，可现在，已没有爱情可言了。她嘲笑莫扎特平时总是穿着宫廷发给的红制服。意思是说，他太寒酸，太不会生活。这使莫扎特十分伤心。

作为一个人，莫扎特既有艺术家高尚的一面，又有普通人平凡的一面。他在痛苦的单相思中，无法拒绝来自韦伯的三女儿康斯坦采的同情。于是，他在与康斯坦采的接触中，得到了不少安慰与快乐。

这时，父亲催归的信接二连三寄来，使莫扎特不得不带着失恋的痛苦回到了萨尔茨堡。

一进门，就发现父亲因骨折在家里休养。父亲见到他第一句话就说："你总算回来了。"接着，就把他堂妹玛丽亚也在萨尔茨堡的消息告诉了他。

正像许多传记作家说的那样："莫扎特在爱情的浪

漫气氛中，就会变成一个乖孩子。只有当他成为一个乖孩子的时候，才能创作出不朽的作品来。"也许所有艺术家，概莫能外，只是我们不愿承认这一点罢了，怕过分夸大爱情的力量。

玛丽亚是莫扎特的堂妹。1777年9月，他与母亲

莫扎特故居

人类音乐史上最伟大的天才 **莫扎特**

去往巴黎途中，曾来到父亲的出生地奥格斯堡。在那里，21岁的莫扎特见到了14年前曾在这里见过的一个名叫玛丽亚·安娜的堂妹。那时她很小，没有给他留下什么印象。可眼前这位大堂妹，却使他一见钟情。

玛丽亚对他十分热情，他们全家都很喜欢莫扎特。母亲似乎也没注意到他们之间有什么接触，两个人又都住在一起，这些有利条件，使莫扎特很快与玛丽亚产生了爱情。

他在写给父亲的信中说："现在，我觉得有必要跟您谈谈这位可爱的堂妹，就算我们对未来的一个预言吧。我非常想把我心中所想到的她的优点都讲出来。

莫扎特家中的厨房

也就是说，她很可爱，善解人意，又很能干，充满活力。当然，她也有很多不足。"

我们从这封信中，不难看出，莫扎特对玛丽亚的爱，只不过是一时冲动。对于一个17岁的少女来说，哪个不美，哪个不可爱？哪个不充满活力呢？除此之外，他并没有谈到更多他们之间的爱情。

事实证明，莫扎特到曼海姆后，当遇到美丽多才的阿洛伊佳时，就把玛丽亚忘掉了。

虽然，当他从巴黎返回萨尔茨堡途中，再次见到阿洛伊佳时，两个人的关系淡漠了。可是，莫扎特却始终没有忘记她。直到他生命的最后阶段，在创作歌剧《魔笛》时，还在自己的音乐中，塑造着阿洛伊佳的形象（即剧中的帕米娜）。

　　它来自何方，
　　你这心灵的温柔之感？
　　我不知，这不安和骚动，
　　到底是为了什么。
　　在我不经意的时候，
　　随着我的激情奔流。
　　多么甜蜜，多么欢喜，
　　它唤醒了我迷惘的心。

我陶醉了。

……

按照利奥波德的本意，他希望儿子能与玛丽亚结婚。为了把莫扎特从慕尼黑召回萨尔茨堡，拴住他的心，他想出了这个办法，把玛丽亚召到萨尔茨堡来陪伴他。

这时，萨尔茨堡正处在宫廷乐师青黄不接的时候。老乐队指挥阿德尔加塞刚刚去世，空出的职位还没人接替。

父亲说："我已跟大主教说过多次了，他总算同意让你来接替阿德尔加塞的职位。"

莫扎特对此并未表现出多大的热情。想到大主教那飞扬跋扈、蛮横无理的样子，他就永远也不想见到他。

父亲看出了他的心事，接着说："我也希望你能到外地去谋个更好的职位，可这太难了。想来想去，萨尔茨堡也没有什么不好，距意大利、慕尼黑、维也纳，都不算远。再说，我们两个人的收入，可以使日子过得宽松些。"

在莫扎特心中，"神之下，就是父亲"。父亲的旨意是不能违抗的。就这样，他在萨尔茨堡待了下来，

莫扎特塑像

一边兼任父亲因病空出的管风琴师一职，一边做乐队指挥。

　　萨尔茨堡是个民间艺术活动相当活跃的小城。由于它地处德奥边境，许多由流浪艺人组成的民间剧团都到这里来演出。有演喜剧的、演悲剧的、演歌剧的。也有演滑稽戏、芭蕾舞剧的……这些土生土长的民间艺术，给莫扎特枯燥乏味的生活带来了许多滋润和欢乐。尤其是来自维也纳的"奥地利民间戏院"的演出，使莫扎特受益匪浅。在与奥地利民间戏院的接触中，他结识了戏院经理艾·施坎涅德尔，并成了好朋友。施坎涅德尔不仅是奥地利民间戏院的管理者，还是一

莫扎特曾用过的床

位出色的演员。他既能演喜剧，又能演悲剧，甚至在莎士比亚的《哈姆雷特》中扮演过主要角色。

施坎涅德尔带领的剧团在萨尔茨堡期间，经常请莫扎特一家去看戏，并多次请莫扎特为他的戏院写戏。莫扎特也尝试着写过几部民族歌剧，使他受到了民族文化传统的熏陶。

可是，不管怎么说，这一年多仍然是莫扎特一生中最黯淡的时期之一。大主教的阴冷面孔，父亲的不停责备，加上难以忍受的仆人般的宫廷乐师之职，使莫扎特苦不堪言。

然而，莫扎特从不甘心于自己的屈辱地位，也不甘心于父亲那没完没了的责备。他梦寐以求的是心灵的自由与解放。当他无法在现实生活中得到这一切时，他就用音乐来寄托自己的这种向往。我们从莫扎特的许多音乐作品中，都清楚地感觉到了这一点。轻柔舒展的旋律中会突然出现呼啸的高音。像池塘一样平静的意境中，会突然传来暴风雨的轰鸣。这就是莫扎特，这就是莫扎特那"含着眼泪的微笑"。

1780年10月，慕尼黑选帝侯突然想起了莫扎特，邀请他为1781年的宫廷狂欢节谱写一部歌剧。脚本以剧作家瓦列斯科的《伊多梅纽斯》改写而成。说的是特洛伊战争结束后，克里特国王伊多梅纽斯率领水师回国，途中遇到风浪，船队难以前进。就在全军将被大海吞没时，他祈求海神保佑，并许愿，如能脱险顺利回国，就把登岸时遇到的第一个人，抛入大海，以祭海神。果然风平浪静了，船队顺利回到了国土。可是，登岸时遇到的第一个人竟是王子，国王后悔了。海神派海妖来到克里特国，敦促国王践约。伊多梅纽斯无奈只好将儿子献出。这时，王子的未婚妻特洛伊

→莫扎特故居

公主伊丽亚，坚决陪王子同行，并发誓与他共死。海神被伊丽亚的忠贞打动，免去王子一死。他们重新返回国家，喜结良缘。

莫扎特看到剧本，激情奔腾不息。

为了《伊多梅纽斯》的上演，他向大主教请假到慕尼黑去。虽然大主教心怀不满，可又不敢违抗巴伐利亚（即18世纪德国的一个小公国，首府慕尼黑）统治者的旨意，只好放行。

就在莫扎特到达慕尼黑不久，奥地利女皇玛丽亚·特利莎不幸病逝，大主教应召赴维也纳奔丧。

1781年1月29日，《伊多梅纽斯》在慕尼黑上演。利奥波德利用大主教不在萨尔茨堡的机会，带女儿南内尔一起来到慕尼黑，观看了这部歌剧的演出。

《伊多梅纽斯》既吸收了意大利传统歌剧的长处，又融合了格鲁克歌剧改革的原则。而且，这传统、这原则，已不再是生搬硬套，而是变成了莫扎特自己的东西后，产生出来的一种新思考、新体现。我们从剧中人物所表现出来的内心激情以及合唱与宣叙调的处理上，都可以体会到这一点。演出非常成功，人们评价《伊多梅纽斯》是莫扎特歌剧创作中一个新的里程碑。

决裂

> 行为是一面镜子,在它面前,任何人都显露出各自的真实面貌。
> ——歌德

歌剧《伊多梅纽斯》的演出刚刚结束,莫扎特正要动身与父亲、姐姐返回萨尔茨堡时,突然接到大主教从维也纳发来的快信,召他立即到维也纳去。于是,他与家人分手,急速赶赴维也纳。

维也纳金色大厅一角

大主教见到他的第一件事,就是板着面孔重申他的"法规":"今后,你没有权利到任何地方去,哪怕是很短的时间。另外,没有我的指令,不许随便演出。"

在维也纳,大主教几乎使出浑身解数,来遏制莫扎特企图摆脱宫廷管制、追求独立自由的念头。为了磨灭莫扎特的锐气,他不惜在公众场合给莫扎特以各种人格上的侮辱。他想与音乐界的朋友们接触,大主教不准。有些艺术保护者要求莫扎特到沙龙去演出,大主教公开拒绝。甚至,在大主教的家里,在他众多的社交界朋友面前,公开戏弄莫扎特,让他在不可能完成的时间内完成某个作品的创作,害得他白天黑夜不得休息。吃饭时,还让莫扎特和他的仆人、厨师坐在一起,故意贬低他的身份。大主教简直就像个虐待狂,无休止地在精神与肉体上折磨莫扎特。

他在极度痛苦中,写信给父亲,想求得父亲的支持:"心,可以使一个人高尚。虽然我不是伯爵,可我身上也有荣誉。我的荣誉也许比那些伯爵还要多。不管是仆人还是伯爵,都是一样的。如果他骂我,那他就是恶徒……如果有人侮辱我,那我就一定要报仇!"

"我恨透了大主教!"

父亲接到他的信,不但不同情他,反而火冒三丈。

人类音乐史上最伟大的天才　**莫扎特**

维也纳

立即写信给莫扎特，要求他忍耐，并一如既往地对他大加指责。这无疑在莫扎特那熊熊燃烧的怒火上，又浇了一桶油。莫扎特在回信中，失望地对父亲说："我从您信中的字里行间，已认不出自己的父亲了。您是父亲，可是，您不是我的父亲。""为了使您高兴，我可以牺牲我的幸福，牺牲我的健康，乃至我的生命。但是，我的人格，对于我，对于您来说，都应该是最珍贵的。"

决裂的时刻到了。他不顾父亲的严词阻拦，毅然向大主教递交了辞呈。大主教不但拒绝了他的辞呈，而且疯狗似的破口大骂，指责莫扎特"没有良心""恩将仇报""不知羞耻"。甚至骂莫扎特是"不知天高地厚的臭无赖！"看到这里，读者会自问，大主教是不是

有精神病？笔者也有同感。

莫扎特不听那一套，摆脱大主教奴役的决心已定，就决不反悔。于是，他又递交了第二份辞呈，并坐在那里等候大主教的答复。大主教蛮横无理地命令他的侍从长阿尔克，把莫扎特推下楼去。莫扎特顺着楼梯滚落下来，摔得鼻青脸肿。阿尔克还不放过，一直追到楼下，像对待乞丐那样，把他推出大门。

顿时，莫扎特的精神错乱了，他恍恍惚惚地在维也纳大街上走来走去。一连几天，不知该往哪儿去……

当他精神稍有好转之后，他决定不再回萨尔茨堡。他已无法再见父亲和姐姐。父亲也不会原谅他。他只好留在维也纳。从此，开始了他人生最后的10年，也是他最辉煌、最困苦的10年。

←维也纳

婚　姻

> 爱情之花不应像春天的紫罗兰，开得那么早，谢得那么快。
> ——德国谚语

维也纳初期，莫扎特既没有固定收入，又没有亲戚朋友的帮助，过着十分艰苦的生活。

说来也巧，就在他来维也纳前，弗里德林·韦伯一家也迁居到维也纳。他经反复打听，终于找到了韦伯的住处。

维也纳

韦伯太太见到莫扎特，非常高兴。一再留他在家里住。莫扎特也正想这样做，于是，就在韦伯家寄宿下来。

这时的韦伯家，已发生了很大变化。弗里德林·韦伯刚刚去世，带着两个女儿孀居的韦伯太太，因精神苦闷，酗酒成性，本来就不宽裕的生活，让她搞得一塌糊涂。阿洛伊佳早已与兰格结婚，两个人吵吵闹闹，互相猜疑，生活并不美满。后来，终于离异。到了晚年，阿洛伊佳才真正认识到，只有莫扎特对她的爱情才是纯真的。

莫扎特来到韦伯家后，很快就与三女儿康斯坦采相爱了。两个人情投意合，相处得十分快活。韦伯太太也顺水推舟，很想促成莫扎特与女儿的结合。这样，她就可以把莫扎特当成一棵不大不小的摇钱树，来供她享受。莫扎特看到韦伯家生活这样贫困，也很不安，总是竭尽全力来帮助他们，而韦伯太太又总没有满足的时候。

1781年末，莫扎特得到维也纳民族剧院的预约，让他谱写一部歌剧《后宫诱逃》。

长期以来，意大利歌剧统治着维也纳舞台，王宫贵族们也加倍推崇。可是，随着市民阶层对本民族文化的不断需求，以及受到法国大革命浪潮的冲击，奥

人类音乐史上最伟大的天才 **莫扎特**

维也纳新年音乐会

皇约瑟夫二世也感觉到不顺乎民意不行。于是，在1778年就成立了"维也纳民族剧院"，来弘扬民族歌剧艺术。莫扎特受约创作的这部歌剧，也是这一民族歌剧运动的一个组成部分。

剧本的原作者是布列特涅尔，后由莫扎特和斯泰凡尼重新改编。说来也巧，剧中女主人公的名字也叫康斯坦采，描写的正是康斯坦采与她的未婚夫一段悲欢离合的故事。创作过程中，莫扎特天天在心中呼唤着康斯坦采的名字，用音乐塑造着康斯坦采的形象，这怎能不加深他与眼前这位只有18岁、活泼可爱的康斯坦采的爱情呢？

1782年7月，《后宫诱逃》在维也纳民族剧院上演。奥皇约瑟夫二世也出席观看了演出。演出结束后，奥皇在观众经久不息的掌声中,登上舞台,祝贺莫扎特的辉煌成就。

"不错,真的不错!"奥皇赞许着。

莫扎特毫不客气地回答:"当然。"

奥皇转过身去,问站在旁边的宫廷乐长萨吕耶里:"你看怎么样?"

萨吕耶里吞吞吐吐地说:"当然……很好,不过……"

莫扎特急忙反问:"不过什么?"

萨吕耶里老练地说:"有的地方……音符是否多了些?"

奥皇急忙点头道:"是,音符是多了一些。我们的耳朵……有时忙不过来。"

"不,不多不少,正是需要的那些。"莫扎特立即反驳。

奥皇不再说什么,可心里很不是滋味。

这正是萨吕耶里想看到的情景。莫扎特表现得越高傲,奥皇对他越不满,他心里越感到平衡。因为莫扎特的天才,总使他们这些人产生一种危机感。

回到皇宫,萨吕耶里在奥皇面前谗言道:"陛下,您不必在意,莫扎特还是个孩子,有些自命不凡。"

不谙世故的莫扎特,怎么会想到这些呢?

人类音乐史上最伟大的天才 **莫扎特**

在不到5个月的时间里,《后宫诱逃》上演了14次。歌剧演出的成功,使莫扎特与康斯坦采的爱情也走向了成熟。莫扎特把这件事写信告诉了父亲。父亲立即回信告诫他说,必须在事业上获得稳固的地位,能赚到足够养家的钱,才能考虑婚姻问题。可是,韦伯太太生怕这棵"摇钱树"跑掉,用软硬兼施的办法,诱惑莫扎特在结婚契约书上签了字。契约上明文规定:

莫扎特

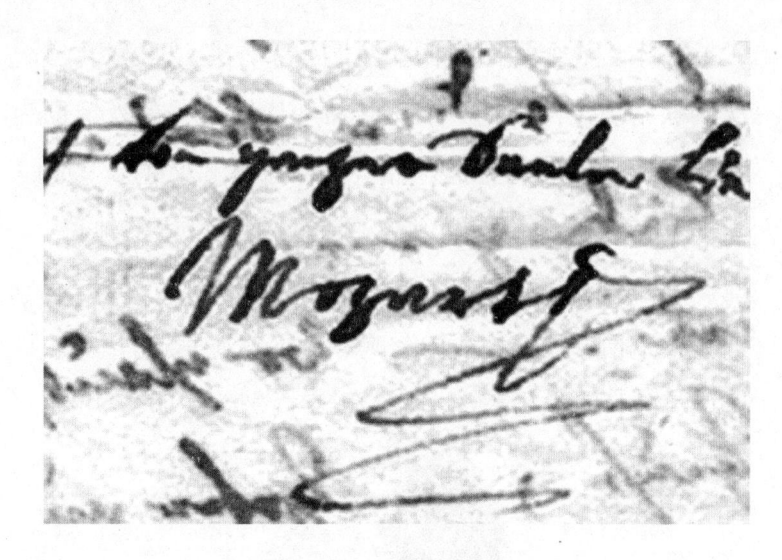

莫扎特在信件上的签名

"从现在起,与康斯坦采·韦伯订婚。在今后3年里,如发生任何变化,愿每年支付她300格尔丁。"

父亲得知这一消息后,气急败坏地谴责儿子,并再一次表示,他坚决反对这桩婚事。

莫扎特在走投无路的情况下,只好写信哀求父亲:"救救我吧,父亲!拜托您了!请同意我与康斯坦采结婚。这不单是为了结婚而结婚,如果是这样的话,我也想等一等。为了我的声誉,也为了一个少女的声誉,为了我的健康和心灵的平衡,我必须这样做。我的心是多么不安。……我该怎么办?现在,世人都以为我们已经结婚。为此,她的母亲在大喊大叫,而她,又困苦不堪,并发誓要与我一起去死。"

人类音乐史上最伟大的天才 **莫扎特**

最终，他也没有得到父亲的同意。

一波未平，一波又起。性情古怪的韦伯太太，突然变了卦。她发现莫扎特只不过是个身无分文的穷音乐家，把女儿嫁给他，只能一辈子受苦。于是，便对女儿说："莫扎特养活不了你，也养活不了咱们全家。你现在悬崖勒马，还来得及。"

这对恋人陷入了极度的孤立无援之中，来自两个家庭的恫吓和威胁压得他们透不过气来。这时，一丝光明突然降临到他们头上，一位名叫威特舒德顿的伯

← 维也纳的一座教堂

爵夫人来到韦伯家。她以自己的地位和财势，说服了韦伯太太，并答应从各方面帮助他们。

1782年8月4日，这对备经磨难的恋人，终于秘密地在维也纳史蒂芬大教堂举行了婚礼。莫扎特26岁，康斯坦采只有19岁。

婚后的第二天，莫扎特接到父亲的来信。父亲在信中勉强同意了他们的婚事，并告诫他说："今后的生活只能靠你们自己，我们无力给你们任何帮助。"

婚礼十分简单。唯一的祝贺活动，就是威特舒德顿夫人赐请的一顿晚宴。莫扎特在谈到这次晚宴时说："那实在是太豪华了。"

婚后的头几年，莫扎特对自己的妻子，对温暖的家庭，十分满意。几乎所有的维也纳人，都说他们是幸福的一对。

由于康斯坦采也出身音乐世家，从小在音乐的氛围中长大。她不仅有着动听的歌喉，而且还经过一定的严格训练。她经常为丈夫演唱他的新作，莫扎特也把自己的许多作品题献给自己的爱妻。

康斯坦采深知幸福的婚姻来之不易，真心地爱着自己的丈夫。莫扎特创作时，她总是陪伴在身边，为他调制饮料，替他驱赶暑气。看到他困倦时，就讲些笑话给他听，让他重新振作精神。在这幸福的家庭里，经常可以听到妻子给丈夫大声朗读剧本，讲述动听的故事。也经常看到妻子入神地倾听丈夫为她作即兴演奏，而且这些随意弹奏出来的乐曲，由于带有真情实感，而流芳百世。

可是，不管莫扎特怎样夜以继日地努力创作，由于夫妻俩都不会理财，有多少花多少，结果闹得总是入不敷出。每天不是店主来催账，就是房东来催租，逼得他们不得不搬来搬去。维也纳人经常看到他们在街头巷尾搬家的情景。

维也纳的冬天总是被厚厚的积雪覆盖着，十分寒冷。有钱人家的壁炉早已燃起了熊熊火焰，室内温暖如春。可在莫扎特家里，却总是因无钱买木柴，冻得他们瑟瑟发抖。无奈，夫妻俩只好抱在一起欢快地跳舞，直到跳出热汗为止。

经济的窘迫，生活的困顿，使康斯坦采经常因劳累过度或营养不良而生病。每次生病，莫扎特总要日夜守护在她身旁，寸步不离。

婚后的3年时间里，莫扎特没有创作一部歌剧。除了经常举行演奏会之外，他还创作了不少交响乐和室内乐作品。尤其是献给海顿的6首弦乐四重奏，是这一时期的主要作品。

莫扎特每次外出演出，总要带上康斯坦采的画像。无论是在旅行的马车上，还是在下榻的旅馆里，或在演出休息时，总要拿出来看一看，吻一吻，并对她说上几句话，然后，把这说过的话写成信，寄给她。有一次，在不到1个月的时间里，就给妻子写了11封信，使他们清苦的生活，充满了幸福和欢乐。

← 莫扎特给妻子康斯坦采的信件第一页

《费加罗的婚礼》与《唐·璜》

> 真正的艺术是不灭的。真正的艺术家
> 在天才的伟大作品中寻找深妙的乐趣。
> ——贝多芬

转眼间3年过去了,莫扎特始终没有遇到自己喜欢的歌剧题材。1785年初,他结识了犹太裔的意大利诗人、歌剧脚本作家洛伦佐·达·彭特(1749—1838)。达·彭特出生于意大利威尼斯附近的一座小镇切内达。青年时代在一所神学院学习。后来,在一所大学教修辞学,因参加政治活动被驱逐出境,来到维也纳,在奥皇约瑟夫二世的宫廷剧院里做诗人兼拉丁文秘书。

莫扎特与达·彭特一见如故,他们不仅性情相投,而且思想相近,都对封建专制制度的黑暗统治深恶痛绝;对争取自由平等的资产阶级进步思潮十分向往。可以说,达·彭特是莫扎特一生中主要的诤友与合作者。

1785年春,当他们得知法国剧作家博马舍的喜剧《费加罗的婚礼》被禁6年在巴黎上演的消息后,心里十分高兴。正是这部喜剧反专制的思想主题和强烈的喜剧色彩，使他们一拍即合，决心把它改编成歌剧，搬上维也纳舞台。

1785年7月，达·彭特把改编好的脚本交给了莫扎特。两个人经过反复讨论、研究，甚至是争吵，对剧本进行多次修改后，莫扎特才进入音乐创作。这是他第一次没有任何剧院预约，由自己决定题材创作的一部歌剧。莫扎特如此热衷暴露封建专制统治的丑恶，如此热衷这部歌剧的创作，说明了他当时的思想倾向和艺术追求。

1786年5月1日，《费加罗的婚礼》正式在维也纳上演，并由莫扎特亲自指挥。演出获得很大成功，群众反响十分强烈。这部歌剧广泛运用各种形式的重唱来表达复杂的戏剧矛盾和冲突，并用新鲜活泼的曲调栩栩如生地刻画出了各种人物的鲜明形象。尤其是运用管弦乐队来烘托和推进剧情的发展等方面都是前无古人的。

尽管如此，演出几场以后，还是从剧院的演出剧目单上消失了。其原因是，剧中对贵族老爷们的无情揭露，以及聪明伶俐的第三等级（按当时法国的等级制度，教士为第一等级；贵族为第二等级；下层普通百姓为第三等级)者对他们的捉弄与嘲讽，使奥皇和贵族阶层感到很不舒服。

但是，音乐一旦进入人们心中，是想禁止也禁止

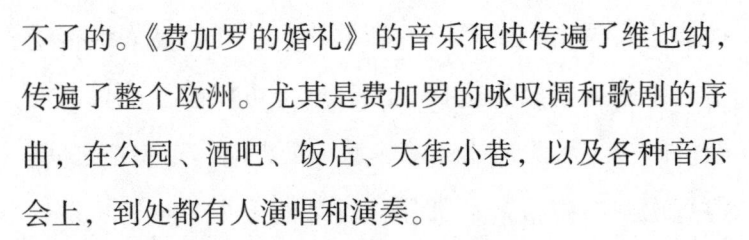

不了的。《费加罗的婚礼》的音乐很快传遍了维也纳，传遍了整个欧洲。尤其是费加罗的咏叹调和歌剧的序曲，在公园、酒吧、饭店、大街小巷，以及各种音乐会上，到处都有人演唱和演奏。

1786年底，《费加罗的婚礼》在布拉格上演，获得的成功更是空前的巨大，这使莫扎特得到很大安慰。从此，布拉格剧院把这部歌剧作为经典杰作，列入剧院经常上演的剧目。

1787年1月，莫扎特受布拉格剧院的邀请，带妻子康斯坦采来到布拉格观看《费加罗的婚礼》的演出。一进布拉格，就发现费加罗已风靡全城。布拉格人如醉如痴地崇拜着莫扎特。当人们在剧院里发现他时，全场起立，长时间向他鼓掌致意。

在布拉格期间，剧院理事会向他提出建议，希望

布拉格

他能为布拉格剧院写一部新歌剧。莫扎特高兴地接受了这个建议,因为这在很大程度上可以改变他目前的经济困境。从此,他经常往返于维也纳与布拉格之间。他每次到布拉格来,都住在近郊的一个名叫贝尔特拉姆卡的别墅花园里。这栋别墅原是莫扎特曾热恋过的一个名叫约瑟夫·唐杰卡的女人的住地。1786年末,正是这位作为歌唱家和社交家的唐杰卡把莫扎特的歌剧《费加罗的婚礼》举荐给了布拉格剧院,才使莫扎特的名字在布拉格永存下来。从此,莫扎特也视布拉格为自己的"第二故乡"。

1787年2月,他带着布拉格剧院的"建议",和妻子一起回到了维也纳。

在维也纳,他与达·彭特商讨后,对许多题材进行了研究和分析,最后,选中了一个风靡欧洲的有关西班牙贵族唐·璜的传说故事。早在17世纪,西班牙剧作家达·莫林纳就用这个故事写成过戏剧。后来,法国剧作家莫里哀和意大利剧作家哥尔多尼都曾用这个故事编写过戏剧。直到19世纪,唐·璜的传说影响了拜伦、歌德、普希金等许多作家、诗人的创作。这就必然对莫扎特的歌剧创作提出了更高的要求。有人说,歌德曾根据唐·璜创作了《少年维特之烦恼》;莫扎特又借鉴维特的形象,创作了《唐·璜》。

人类音乐史上最伟大的天才 **莫扎特**

莫扎特首次公开弹奏《唐·璜》

1787年4月,达·彭特根据巴尔塔第的剧本《石客记》改编的歌剧脚本《唐·璜》完成了。莫扎特拿到剧本后,又按照自己的音乐构思,对脚本进行了一番处理,并要求达·彭特进行修改。达·彭特根据莫扎特的意见,对剧本进行了多次修改,直到莫扎特完全满意为止。有人评价说,这部歌剧是莫扎特人生的一个总结,他通过这部歌剧把自己的灵魂完全袒露在了世人面前。他曾写信给父亲说:"死亡是人生的最终结局和目的,也是人类最好、最忠实的朋友。这几年,我和这位朋友变得越来越亲密了。'他'不再使我害怕,而使我感到安宁,感到安慰。"不知他为什么写这样一封信,也许他预感到了什么?这恰恰成了莫扎特写给父亲的最后一封信。5月28日,传来父亲去世的消息,莫扎特惊呆了。他突然想起自己走过的人生之路,想起父亲对他的殷切教诲,想到那风霜雨雪间,在父亲的带领下游遍欧洲的旅行演出……他突然意识到,从小培养自己成为一个艺术家的,正是自己严厉的父亲。而他正因为这种严厉,与父亲决裂,使他晚年得不到自己的照顾和帮助,他感到惭愧,感到有罪。莫扎特对着父亲的画像忏悔着……

父亲的去世,对他的歌剧创作产生了很大影响。他想通过歌剧《唐·璜》彻底做一次自我忏悔,与父亲在心灵上取得和解。所以,我们看到这部歌剧曾有过两个副题:一个是"被惩罚的浪子";一个是"石像之客"。剧中描写的唐·璜是一个贪图享乐、追求女色的浪子。

← 布拉格

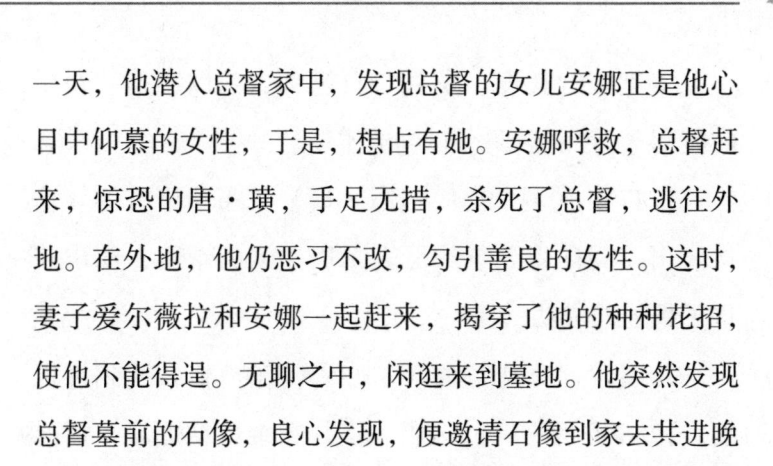

一天，他潜入总督家中，发现总督的女儿安娜正是他心目中仰慕的女性，于是，想占有她。安娜呼救，总督赶来，惊恐的唐·璜，手足无措，杀死了总督，逃往外地。在外地，他仍恶习不改，勾引善良的女性。这时，妻子爱尔薇拉和安娜一起赶来，揭穿了他的种种花招，使他不能得逞。无聊之中，闲逛来到墓地。他突然发现总督墓前的石像，良心发现，便邀请石像到家去共进晚餐。没想到石像真地点头应允。当晚，妻子爱尔薇拉痛斥他的无耻行径，可他毫无悔改之意。这时，石像出现了，燃起地狱之火，将唐·璜拉入地狱烧死。

1787年9月，莫扎特带着《唐·璜》的初稿，来到布拉格，征求剧院的意见。歌唱家和演奏家们听了之后，狂喜得欢呼起来。之后，他又一次住进了贝尔特拉姆卡。在这座别墅一间叫"东屋"的小房间里，莫扎特完成了《唐·璜》的总谱写作和序曲的创作。

我们从《唐·璜》的音乐中，可以清楚地看到，莫扎特作为一个音乐艺术家所产生的飞跃。他成熟起来了，他开始进入了音乐创作的顶峰期。总督、总督女儿安娜，以及妻子爱尔薇拉的形象，所产生的悲剧力量，达到了极高的艺术境界。同时，在列波莱格、采琳娜和玛杰托的形象中，喜剧因素又十分突出。在放荡不羁的唐·璜身上，悲喜剧因素融为一体，达到

了完美无缺的程度。莫扎特自己称这部歌剧是"快乐的正剧",特别强调了正剧的本质。

1787年10月29日,《唐·璜》在布拉格首演。这次演出,同样得到了约瑟夫·唐杰卡的帮助,演出获得了辉煌的成功。

几周后,莫扎特离开了心爱的布拉格,回到维也纳,1788年5月7日,《唐·璜》在维也纳上演,情况却与布拉格大不相同。维也纳对《唐·璜》的反响并不强烈,虽然一年内演出了15次,可收入却很少。但不久,《唐·璜》越来越受到人们的欢迎,欧洲各大城市纷纷上演。在魏玛,歌德担任剧院经理的那段日子里,上演次数最多的剧目就是《唐·璜》。

1788年冬,宫廷作曲家格鲁克病逝,莫扎特得到了"室内乐师兼宫廷作曲家"的职位,但年俸只有800奥币。而格鲁克担任这个职务时,年俸是2 000奥币。

← 布拉格

人类音乐史上最伟大的天才　**莫扎特**

相关链接
XIANGGUAN LIANJIE

《费加罗的婚礼》

　　《费加罗的婚礼》是宫廷诗人洛伦佐·达·彭特根据法国启蒙运动时期喜剧作家皮埃尔·奥古斯丁·卡龙·博马舍的同名小说改编而成的。博马舍共写过三部以西班牙为背景的喜剧,剧中的人物都相同。分别是《塞维利亚的理发师》《费加罗的婚礼》和《有罪的母亲》,创作于1732—1739年。《费加罗的婚礼》(又名《狂欢的一天》)于1778年首演。作品把伯爵放在人民的对立面,暴露了贵族的腐朽堕落,同时也反映出强烈的反封建的色彩,富有时代气息,风格明快幽默,情节曲折生动,以嬉笑怒骂的语言,突出强烈的喜剧效果,是作者最出色的代表作。

文学艺术家卷

最后岁月

> 人生是艰苦的，对不甘于平庸的人那是一场无日无夜的拼搏，有时甚至是悲惨的，没有光华的，没有幸福的，孤独和寂寞的……
>
> ——罗曼·罗兰

1789年4月，莫扎特应邀陪同年轻的利希诺夫斯基公爵外出旅行。这是莫扎特一生中的最后一次长途旅行，历时两个月。他们先后到了布拉格、德累斯顿、莱比锡、波茨坦、柏林等地。所到之处，无不受到热烈欢迎。33岁的莫扎特举行了各种音乐会和演奏会，收到的礼品十分丰厚。

1789年底，奥皇约瑟夫二世委托莫扎特创作一部歌剧。他根据达·彭特提供的脚本，创作了歌剧《她们都这样干》（又译《大家都是这么办》），于1790年1月26日在维也纳首演。2月初，因约瑟法二世病重而停演。

2月20日，约瑟夫二世病逝。达·彭特失去了宫

人类音乐史上最伟大的天才　**莫扎特**

→ 萨尔茨堡莫扎特的故乡

廷的职务，出走流浪到伦敦。在伦敦一住就是8年。在伦敦期间，除为国王剧院和意大利歌剧院写一些脚本外，还经营书店。后来，书店生意使他彻底破产，为躲债，不得不逃往美国。在纽约，以经营烟、酒、杂货为生。1839年死于纽约，时年89岁。

达·彭特的出走，使莫扎特失去了一位很好的朋友与合作者。

1790年9月，刚刚继位不久的利奥波德二世，准备在德国美茵河畔的法兰克福举行加冕礼，届时，所有的要人显贵都将云集这里。莫扎特得知这一消息后，借钱来到法兰克福，想借此机会举行各种音乐会赚一笔钱，或谋到一个好一点的职位。他的演出受到许多

名流的捧场，可是收入却出乎他的意料，微乎其微。当他11月回到维也纳时，依然是两手空空。在维也纳，他曾多次向这位新统治者争取宫廷乐队第二指挥和公主音乐教师的职位，但都未获得成功。也就是从那时起，他开始进入了一生中最困苦的时期。

为了生活，康斯坦采几乎把所有的贵重物品都变卖一空。不久，他开始以借债来维持生活。据说，他曾向高利贷者普贝克尔借过区区1.45金币，可见他困难到何种程度。

也许有人会问，莫扎特享有这么高的声誉，又是个多产作曲家，为什么总是摆脱不了贫穷的困扰呢？原因有三：一是宫廷年俸太低，无法维生；二是他头

维也纳

人类音乐史上最伟大的天才　**莫扎特**

→维也纳老贝尔格剧院

脑里只有音乐，根本不知金钱的重要。他创作出来的作品从来不知道该卖多少钱，出版商们又总是借他困难之机，极力压低他作品的价格，甚至有人干脆就盗版他的作品，使他丰产不丰收；三是妻子不善理财，而又喜欢铺张。这样，使他们的生活总是处于入不敷出的困境。

　　1789年，妻子康斯坦采由于身体虚弱，想到巴登温泉去疗养。莫扎特一口答应，并想尽一切办法为她筹措旅费。从此，康斯坦采先后多次到巴登温泉去疗养。莫扎特拼命创作和演出，只要有了一点钱，就马上寄往巴登，供妻子享乐。他在写给妻子的信中说："亲爱的，你一定在急切地等待着汇款吧？……只要你

能生活得快活，我就高兴了。"

那时，莫扎特经常到一家名叫"银蛇"的咖啡馆去喝咖啡。人们看到他，总是穿着那件灰色上衣，一双由于疲乏而显得无神的眼睛。因为他身上总是有着极少的一点钱，而且欠着房租和其他外债，使他变得有些神经质。他总是笑嘻嘻地东张西望，或用手摆弄着怀表链子，或转动着帽子、纽扣什么的。这说明他的内心充满了不安和无法排遣的孤独与忧郁。

不久，他发现妻子在巴登有了外遇，与一位丹麦外交官生活在一起。莫扎特在极度的困苦之中，又增添了沉重的精神折磨。从此，他经常和老朋友、维也纳民族剧院的经理施坎涅德尔一起喝酒。施坎涅德尔也正在为自己风雨飘摇的民族剧院一筹莫展。两个人一喝就是一天，妻子已不把他放在心上，只管自己在巴登过着悠闲的生活。

1791年3月，施坎涅德尔拿着一个剧本来找莫扎特，建议他用这个剧本写一部歌剧。这就是莫扎特的最后一部歌剧《魔笛》。

这部歌剧是施坎涅德尔根据德国作家韦兰的童话诗《露露》改编的。莫扎特对《魔笛》产生兴趣，主要是因为剧中所表现出来的浓厚的人道主义精神。即善与恶、光明与黑暗的斗争，最终光明与善良取得的

胜利。他很快便投入了这部歌剧的创作。

　　正当他埋头歌剧创作的时候，突然一天晚上，一个身穿黑色长衣的瘦高个男人来访。他把一封信和一个钱袋交给莫扎特后，就离去了。信中要求莫扎特为一个即将死去的人创作一首《安魂曲》，酬金为100唐卡地。并先行预付了一笔酬金。莫扎特望着这封信和手中的钱袋，预感到这不是在向他预约作品，而是在向他预约"死亡"。几个月来，人们都知道他的身体一直不好，这位不速之客的来访，似乎在告诉他，他已临近死亡。

　　从那天起，那个男人的影子像幽灵一样困扰着他。他在写给妻子的信中说："……他在逼迫我写这个东西，死亡在一点点逼近我。现在，回想一下我的人生，它是多么辉煌。从我刚刚出生那天起，我就怀着伟大的希望。但是，谁也无法改变自己的命运，谁也无法抗拒天意！我就是这样，我在为自己写《挽歌》，我必须完成它。"

　　莫扎特在痛苦的精神折磨下，一边创作歌剧《魔笛》，一边赶写着《安魂曲》。

　　1791年9月30日，歌剧《魔笛》先行创作完成，并在施坎涅德尔的剧院首演，由莫扎特亲自指挥。可是，演出并未获得多大成功。原因是在古典时期，很

多人还不习惯欣赏这种充满浓厚浪漫主义色彩的歌剧。一时弄不懂剧中所表现的究竟是什么，有些茫然。但是，随着时间的不断推移，这部歌剧越来越受到人们的欢迎，一直连续上演了一百多场。可以说，《魔笛》开创了浪漫主义时期歌剧创作的先河。莫扎特取得了真正的成功。可是，这成功来得太晚了。由于长时间的贫穷困扰，再加上超负荷的创作劳动和精神上的痛苦折磨，莫扎特的身体状况迅速恶化。这时，他经常想到死。

1791年11月，康斯坦采突然接到通知，要她迅速从巴登疗养地赶回维也纳。这时，莫扎特已卧床不起。在病床上，他日思夜想的只有两件事。一件是他想再看一遍《魔笛》的演出；第二件事是想尽一切努力完成《安魂曲》的创作。他含着眼泪对妻子说："我不会活很长时间了，我在为自己写《安魂曲》。"

1791年12月4日傍晚，莫扎特叫自己的学生胥斯迈尔把未完成的《安魂曲》总谱拿了过来。他坐在病床上，和在场的歌手们分四个声部一起进行了试唱。那歌声，似乎真的在为他送葬。他只唱了几小节，就唱不下去了，泪水潸然而下。他断断续续地对坐在旁边的胥斯迈尔讲述了自己的创作意图，希望他能把未完成的部分完成。后来，胥斯迈尔根据莫扎特留下的

人类音乐史上最伟大的天才　**莫扎特**

素材和札记，完成了《安魂曲》的创作。

　　1791年12月5日零时55分，莫扎特离开了人世，年仅36岁。

　　关于莫扎特的死因，有种种说法，至今争论不休。一种说法认为，莫扎特死于流行性感冒引起的脑炎。另一种说法认为，莫扎特死于宫廷作曲家萨吕耶里的精神折磨。据说，萨吕耶里晚年病危时，在神志不清的恍惚中，承认是自己杀死了莫扎特。可是，怎么杀死的莫扎特，至今没有得到详细的史料记载。只有一种说法认为，萨吕耶里妒忌莫扎特的才华（这是事

这里长眠着世界上最伟大的三位音乐家，中间的是奥地利的国宝级人物莫扎特，左边是贝多芬，右边则是舒伯特。

实)。在他病重时,是萨吕耶里派人邀莫扎特创作《安魂曲》,从精神上折磨他,让他早逝。可后来历史又证明,邀他写《安魂曲》的并不是萨吕耶里,而是一位性情古怪的伯爵瓦尔泽格。这个人专门以高价收买作曲家的作品,然后以自己的名字发表或演出。是他为追念自己刚刚去世的妻子,派仆人到莫扎特家,邀他创作《安魂曲》的。谁是谁非,至今没有定论。

1791年12月6日,在莫扎特与康斯坦采举行婚礼的史蒂芬大教堂里,又为莫扎特举行了葬礼。那天,到场的人不多。连他的妻子康斯坦采都没有在场。只有他的老朋友施坎涅德尔和他的学生胥斯迈尔等几个人,护送他的灵柩去往圣马尔克斯墓地。

那天,天气十分恶劣,雨雪交加,寒风凛冽。由于人们穿着单薄,难于抵御刺骨的寒风,都没能到达墓地,就中途回返了。他们把一切都交给了公共墓地的掘墓人。掘墓人并不知道他们将要埋葬的是什么人,就把莫扎特和几个乞丐合葬在了一起。

数周后,康斯坦采才来到墓地。可是,不管怎样打听,也没人知道莫扎特究竟埋在了哪里。

1809年,已经46岁的康斯坦采终于与丹麦外交官(公使馆秘书)尼森再婚。婚后他们先去了丹麦首都哥本哈根。1820年,回到莫扎特的故乡萨尔茨堡定居。

人类音乐史上最伟大的天才　**莫扎特**

萨尔茨堡莫扎特的故乡

莫扎特的第一本传记，就是这位尼森先生根据康斯坦采的详细回顾材料写成的。他们在传记里称莫扎特"活着是地上的天使，死后是天堂的天使"。

尼森在萨尔茨堡生活了6年，1826年去世。康斯坦采又孀居16年，1842年去世，终年80岁。据说，她与尼森都葬在了莫扎特父亲的墓地里。

莫扎特与康斯坦采共生有6个孩子，只有两个儿子活了下来。可是，这两个儿子都终生未娶，所以，莫扎特家族从此失传。

有的人死得很豪华，很气派，可是，不久人们就把他忘记了。有的人死得很悲惨，很凄凉，可人们却无法忘记他。因为他的生命、他的灵魂，化作另外一种形式永恒地存在下来，并受到人们无限的热爱与崇敬。

相关链接
XIANGGUAN LIANJIE

《魔笛》

《魔笛》是一部多元化的歌剧,莫扎特在其中放入了许多歌剧元素,他融合了18世纪以前德、奥、意、法、捷等国家所特有的各种音乐形式和戏剧表现手法,使其音乐语言更为丰富。可以说它是一部集大成的歌唱剧,在当时维也纳通俗戏剧的构架上很好地统一了意大利歌剧与德国民谣的风格,既带有正剧的严谨又包含着喜剧的灵活。其音乐将神秘、圣洁的宗教色彩和明朗、欢快的世俗色彩巧妙地结合在一起,十分动听。而且莫扎特本人十分钟爱《魔笛》这部歌剧,他亲自指挥了第一场、第二场的演出,临死前几小时,他还渴望听到《魔笛》的音乐,他请人把钟放在床头,以便计算时间,在想象着正在进行的《魔笛》演出。